Walahfrid Strabo
De cultura hortorum
(Hortulus)

Über den Gartenbau

Lateinisch / Deutsch

Übersetzt und herausgegeben
von Otto Schönberger

Philipp Reclam jun. Stuttgart

Umschlagabbildung:
Zuckermelone (*Cucumis melo L.*) aus dem *Florilegium des Prinzen Eugen von Savoyen*, Paris, um 1670

Universal-Bibliothek Nr. 18199
Alle Rechte vorbehalten
© 2002 Philipp Reclam jun. GmbH & Co., Stuttgart
Gesamtherstellung: Reclam, Ditzingen. Printed in Germany 2002
RECLAM und UNIVERSAL-BIBLIOTHEK sind eingetragene Marken
der Philipp Reclam jun. GmbH & Co., Stuttgart
ISBN 3-15-018199-2

www.reclam.de

De cultura hortorum
(Hortulus)
Über den Gartenbau

Incipit liber de cultura hortorum Strabi seu Strabonis feliciter.

I
De cultura hortorum

Plurima tranquillae cum sint insignia vitae,
Non minimum est, si quis Pestanae deditus arti
Noverit obsceni curas tractare Priapi.
Ruris enim quaecumque datur possessio, seu sit
Putris, harenoso qua torpet glarea tractu, 5
Seu pingui molita graves uligine foetus,
Collibus erectis alte sita, sive iacenti
Planitie facilis, clivo seu vallibus horrens,
Non negat ingenuos holerum progignere fructus,
Si modo non tua cura gravi compressa veterno 10
Multiplices holitoris opes contempnere stultis
Ausibus assuescit, callosasque aere duro
Detrectat fuscare manus et stercora plenis
Vitat in arenti disponere pulvere qualis.
Haec non sola mihi patefecit opinio famae 15
Vulgaris, quaesita libris nec lectio priscis,
Sed labor et studium, quibus otia longa dierum
Postposui, expertum rebus docuere probatis.

Hier beginnt das Buch des Strabus oder Strabo über den Gartenbau. Möge es glücken!

1
Über den Gartenbau

Unter sehr vielen Zeichen des ruhigen Lebens ist es nicht das geringste, wenn sich einer der Kunst von Paestum weiht und es versteht, die sorgsame Gartenpflege des garstigen Gottes Priapus zu üben. Denn wie auch immer dein Landbesitz geartet ist, (5) mag der Boden schlecht sein und von Sand und Kies starren, oder mag er aus fetter, feuchter Erde schwere Früchte hervorbringen, mag er hoch auf ragenden Hügeln liegen oder, leicht zu bearbeiten, im ebenen Feld, oder mag er mit Steilhang und Graben sich sperren, nie weigert er sich, die Früchte einheimischer Pflanzen zu tragen, (10) wenn nur deine Sorgfalt nicht in lähmender Trägheit ermattet und du dich nicht in törichtem Leichtsinn gewöhnst, die Schätze des Gärtners zu missachten, dich auch nicht scheust, die schwieligen Hände in scharfer Luft sich bräunen zu lassen, und dich nicht davor drückst, Mist aus vollen Körben auf dürres Erdreich zu streuen. (15) Dies lehrte mich nicht bloßes Meinen auf Grund landläufiger Rede, auch nicht Lektüre, geschöpft aus Büchern der Alten, sondern Arbeit und eifrige Mühe, die ich an manchen Tagen langem Nichtstun vorzog, lehrten es mich, da ich alles erprobte und Erfahrung gewann.

II
Difficultas assumpti laboris

Bruma senectutis vernacula, totius anni
Venter et ampliflui consumptrix saeva laboris,   20
Veris ubi adventu terrarum pulsa sub imas
Delituit latebras, vestigiaque horrida avarae
Ver hiemis reduci rerum delere pararet
Scemate, et antiquo languentia rura nitori
Reddere, ver orbis primum caput et decus anni,   25
Purior aura diem cum iam reserare serenum
Inciperet, Zephirosque herbae floresque secuti
Tenuia porrigerent radicis acumina, caeco
Tecta diu gremio, canasque exosa pruinas,
Cum silvae foliis, montes quoque gramine pingui,   30
Prataque conspicuis vernarent laeta virectis,
Atriolum, quod pro foribus mihi parva patenti
Area vestibulo solis convertit ad ortum,
Urticae implerunt, campique per aequora parvi
Illita ferventi creverunt tela veneno.   35
Quid facerem? tam spissus erat radicibus infra
Ordo catenatis, virides ut texere lentis
Viminibus crates stabuli solet arte magister:
Ungula cornipedum si quando humore nocetur
Collecto et putres imitatur marcida fungos.   40
Ergo moras rumpens Saturni dente iacentes
Aggredior glebas, torpentiaque arva revulsis
Sponte renascentum complexibus urticarum
Erigo et umbricolis habitata cubilia talpis
Diruo, lumbricos revocans in luminis oras.   45
Inde Nothi coquitur flabris solisque calore
Areola et lignis ne diffluat obsita quadris

2
Schwierigkeit der unternommenen Arbeit

Wenn der Winter, Hausgenosse des Alters, Bauch des ganzen Jahres (20) und grimmer Verzehrer der reichen Früchte der Arbeit, bei Ankunft des Frühlings in die tiefsten Gründe der Erde vertrieben ist und sich dort verkriecht und wenn der Lenz in erneuter Gestalt sich rüstet, die starrenden Spuren des gierigen Winters zu tilgen und den matten Fluren ihren alten Glanz (25) wiederzugeben, der Lenz, Beginn des Jahreslaufs und Zierde des Jahres, und wenn dann schon reinere Luft die heiteren Tage eröffnet, wenn Kräuter und Blumen, vom Zephyr gelockt, aus den Wurzeln zarte Triebe heraufsenden, die, aus Hass auf die eisgrauen Fröste, sich lang im dunklen Erdenschoß bargen, (30) und wenn die Wälder mit Laub, die Hügel mit saftigem Gras und üppige Wiesen mit prangendem Grün sich verjüngen, dann haben Brennnesseln die eingefriedete Fläche verwuchert, die sich als kleiner Platz mit offenem Zugang vor meiner Tür nach Osten hin öffnet. Sie sind auf der Fläche des kleinen Feldes (35) gewachsen wie Pfeile, die mit brennendem Gift bestrichen sind. Was sollte ich tun? Ganz dicht waren Wurzeln im Erdreich verkettet, so wie ein Stallmeister grüne Roste aus biegsamen Ruten zu flechten pflegt, wenn sich einmal Feuchtigkeit sammelt und den Hufen der Pferde schadet, (40) so dass diese mürb werden wie morsche Pilze. Also säume ich nicht und gehe den Schollen mit Saturns gezahntem Werkzeug zu Leibe, breche das starrende Erdreich auf, zerreiße die verfilzten Wurzeln der von selbst wuchernden Nesseln, zerstöre die Gänge, in denen die lichtscheuen Maulwürfe hausen, (45) und hole Regenwürmer ans Tageslicht. Dann erwärmt sich das Gärtchen vom Wehen des Südwinds und warmen Sonnenstrahlen; damit auch das eingesäte Erdreich nicht ver-

Altius a plano modicum resupina levatur,
Tota minutatim rastris contunditur uncis,
Et pinguis fermenta fimi super insinuantur.   50
Seminibus quaedam temptamus holuscula, quaedam
Stirpibus antiquis priscae revocare iuventae.

III
Instantia cultoris et fructus operis

Denique vernali interdum conspergitur imbre
Parva seges, tenuesque fovet praeblanda vicissim
Luna comas; rursus si quando sicca negabant   55
Tempora roris opem, culturae impulsus amore,
Quippe siti metuens graciles torpescere fibras,
Flumina pura cadis inferre capacibus acri
Curavi studio, et propriis infundere palmis
Guttatim, ne forte ferocior impetus undas   60
Ingereret nimias, et semina iacta moveret.
Nec mora, germinibus vestitur tota tenellis
Areola et quamquam illius pars ista sub alto
Arescat tecto, pluviarum et muneris expers
Squaleat aerii, pars illa perennibus umbris   65
Diffugiat solem, paries cui celsior ignei
Sideris accessum lateris negat obice duri,
Non tamen ulla sibi fuerant quae credita pridem
Spe sine crementi pigro sub cespite clausit.
Quin potius quae sicca fere et translata subactis 70
Suscepit scrobibus, redivivo plena virore
Restituit, reparans numeroso semina fructu.

schwemmt wird, häufelt man es, leicht abgeschrägt, an, etwas höher als der Boden, und rahmt es im Viereck mit Brettern. Dann wird alle Erde mit krummer Harke fein zerkleinert (50) und gärender, fetter Dünger darüber gestreut und eingebracht. Manche Kräuter versuchen wir aus Samen zu ziehen, andere wieder aus alten Stöcken zu frischer Jugend zu wecken.

3

Beharrliche Mühe des Gärtners und Frucht seiner Arbeit

Schließlich besprengt zuweilen Frühlingsregen die kleine Saat, und im Wechsel mit ihm erquickt der überaus freundliche Mond (55) die zarten Sprossen. Weigerten aber dann wieder trockene Zeiten hilfreichen Tau, fürchtete ich, die zarten Wurzelfasern könnten vor Durst vertrocknen, und die Liebe zu meinen Pflanzen trieb mich an, mit viel Eifer und Mühe reines Wasser in bauchigen Krügen herbeizutragen; mit eigenen Händen goss ich es (60) tropfenweise an, damit nicht ein heftiger Schwall zu viel Wasser anschüttete und die gelegten Samen wegschwemmte. Und es dauert nicht lang, so bekleidet sich die ganze kleine Fläche mit zarten Keimen, und mag auch ein Teil unter hohem Dach trocken stehen und einstauben, weil es an Regen und feuchtem Tau aus der Luft gebricht, (65) und mag ein anderer Teil in dauerndem Schatten liegen und die Sonne entbehren, weil ihm eine hohe Wand aus harten Ziegeln den Zugang des feurigen Gestirns versperrt und verweigert, so hat doch der Garten nichts zuvor Anvertrautes ohne Aussicht auf Wachstum unfruchtbar im Boden verschlossen. (70) Vielmehr hat er die Pflänzchen, die er fast verwelkt und in gegrabene Löcher versetzt empfing, neu belebt, voll grünender Kraft wiederhergestellt und die Aussaat mit zahlreichen Früchten belohnt.

Nunc opus ingeniis, docili nunc pectore et ore,
Nomina quo possim viresque attingere tantae
Messis, ut ingenti res parvae ornentur honore. 75

IV
Salvia

Lelifagus prima praefulget fronte locorum,
Dulcis odore, gravis virtute atque utilis haustu.
Pluribus haec hominum morbis prodesse reperta
Perpetuo viridi meruit gaudere iuventa.
Sed tolerat civile malum: nam saeva parentem 80
Progenies florum, fuerit ni dempta, perurit
Et facit antiquos defungier invida ramos.

V
Ruta

Hoc nemus umbriferum pingit viridissima rutae
Silvula ceruleae, foliis quae praedita parvis
Umbellas iaculata breves, spiramina venti 85
Et radios Phoebi caules transmittit ad imos,
Attactuque graves leni dispergit odores.
Haec cum multiplici vigeat virtute medellae,
Dicitur occultis adprime obstare venenis
Toxicaque invasis incommoda pellere fibris. 90

Nun braucht es Talent, nun lehrklugen Sinn und Redegabe, damit ich Namen und Kräfte so reicher (75) Ernte darzustellen vermag und auch Kleines mit hoher Ehrung sich schmücke.

4
Salbei

Vorn an der Stirn des Gartens blüht leuchtend der Salbei, der süß duftet, bedeutende Kraft besitzt und heilsamen Trank gewährt. Da er sich bei vielen Leiden der Menschen als hilfreich erwies, verdient er es, sich ewig grünender Jugend zu erfreuen. (80) Doch leidet der Strauch an innerem Streit, denn grausame Sprossen lassen den Haupttrieb verdorren, wenn man sie nicht entfernt, und bringen voller Missgunst die alten Zweige zum Absterben.

5
Raute

Diesen schattigen Hain belebt tiefgrünes Gesträuch der bläulichen Raute; sie hat kleine Blätter, (85) wirft daher nur spärliche Schatten und lässt den Hauch des Windes wie auch die Strahlen des Phoebus tief hinunter zu den Stängeln dringen; selbst bei leiser Berührung verbreitet sie schwere Düfte. Da die Raute vielfach wirkende Kraft im Innern trägt, sagt man, sie bekämpfe vor allem verborgene Gifte (90) und vertreibe schädliche Stoffe aus befallenen Eingeweiden.

VI
Abrotanum

Nec minus abrotani promptum est mirarier alte
Pubentis frutices et quas inspicat aristas
Ramorum ubertas, tenues imitata capillos.
Huius odoratum lento cum vimine crinem
Poeoniis carptum prodest miscere medellis.   95
Febribus obstat enim, telum fugat, adiuvat artus,
Quos incerta premit furtivae iniuria guttae.
Praeterea tot habet vires quot fila comarum.

VII
Cucurbita

Haud secus altipetax semente cucurbita vili
Assurgens, parmis foliorum suscitat umbras   100
Ingentes, crebrisque iacit retinacula ramis.
Ac velut ulmum hedera implicuit cum frondibus altam,
Ruris abusque sinu toti sua brachia circum
Laxa dedit ligno, summumque secuta cacumen
Corticis occuluit viridi tutamine rugas: 105
Aut arbustivum vitis genus, arbore cum se
Explicuit quavis, ramorumque alta corimbis
Vestiit, et propria sursum se sponte levavit –
Visitur ergo rubens aliena in sede racemus
Dependere, premit tabulata virentia Bachus,   110
Pampinus et frondes discernit latior altas –
Sic mea sic fragili de stirpe cucurbita surgens
Diligit appositas, sua sustentacula, furcas,
Atque amplexa suas uncis tenet unguibus alnos.
Ne vero insano divelli turbine possit,   115

6
Eberraute

Ebenso nahe liegt es, die Sträucher der hoch wachsenden Eberraute zu bewundern, die üppigen Zweige, die sich zart gefiedert entfalten und feinem Haar gleichen. Dieses duftende Laub, geerntet mitsamt den biegsamen Zweigen, (95) kann man ärztlichen Mitteln mit gutem Erfolg beimischen. Denn es bekämpft das Fieber, vertreibt Seitenstechen und hilft den Gliedern, die ein plötzlicher Anfall der tückischen Gicht quält. Zudem besitzt die Eberraute ebenso viel Kräfte wie haarfeine Blätter.

7
Flaschenkürbis

Auch der Kürbis wächst aus unscheinbarem Samenkorn (100) hochstrebend empor, wirft mit schildförmigen Blättern riesige Schatten und entsendet Ranken aus zahlreichen Zweigen. Und wie der Efeu mit seinem Laub die hohe Ulme umwindet, vom Erdenschoß an seine weiten Arme um den ganzen Stamm schlingt und bis zum höchsten Wipfel (105) die rissige Rinde in der Hülle seiner grünen Blätter verbirgt, oder wie sich die Rebe, die man im Baumgarten zieht, an einem Baum hochrankt und die Äste oben mit Trauben behängt und aus eigener Kraft hoch emporstieg – man sieht, wie die rötliche Traube an fremdem Zweig (110) herabhängt und Bacchus auf grünen Stockwerken lastet, die Ranken sich breiten und oben das Laubdach durchdringen –, gerade so erhebt sich auch mein Kürbis aus schwachem Spross empor, klammert sich an den aufgestellten Gabelstützen fest, die ihm Halt verleihen, und umgreift seine Erlenstützen mit den sich krümmenden Ranken. (115) Damit ihn aber kein tobender Sturm losreißen kann, streckt er

Quot generat nodos, tot iam retinacula tendit,
Et quoniam duplicem producunt singula funem,
Undique fulturam dextra levaque prehendunt,
Et velut in fusum nentes cum pensa puellae
Mollia traiciunt spirisque ingentibus omnem   120
Filorum seriem pulchros metantur in orbes,
Sic vaga tortilibus stringunt ammenta catenis
Scalarum teretes involvuntque ilico virgas,
Viribus et discunt alienis tecta cavarum
Ardua porticuum volucri superare natatu.   125
Iam quis poma queat ramis pendentia passim
Mirari digne? quae non minus undique certis
Sunt formata viis, quam si tornatile lignum
Inspicias medio rasum quod mamfure constat.
Illa quidem gracili primum demissa flagello   130
Oblongo, tenuique ferunt ingentia collo
Corpora, tum vastum laxatur in ilia pondus,
Totum venter habet, totum alvus, et intus aluntur
Multa cavernoso seiunctim carcere grana,
Quae tibi consimilem possunt promittere messem.   135
Ipsos quin etiam tenero sub tempore fructus,
Ante humor quam clausa latens per viscera sero
Autumni adventu rarescat, et arida circum
Restiterit cutis, inter opes transire ciborum
Saepe videmus, et ardenti sartagine pinguem   140
Combibere arvinam, et placidum secmenta saporem
Ebria multotiens mensis praestare secundis.
Si vero aestivi sinitur spiramina solis
Cum genitrice pati et matura falce recidi,
Idem foetus in assiduos formarier usus   145
Vasorum poterit, vasto dum viscera ventre
Egerimus, facili radentes ilia torno.

ebenso viele Ranken aus, als er Knoten treibt, und weil jede
Ranke oben eine Doppelranke hervortreibt, fassen diese die
Stütze allenthalben von rechts und von links. Und wie
Mädchen beim Spinnen die (120) weiche Wolle auf die
Spindel hinüberziehen und im weiten Kreisen der Spindel
den Faden Reihe um Reihe in schönen Windungen aufspu-
len, so umschnüren die greifenden Ranken mit windenden
Fesseln die runden Zweige des Klettergerüstes und umwi-
ckeln sie augenblicklich; sie lernen es auch, mit fremder
Hilfe die steilen (125) Dächer gewölbter Hallen in luftigem
Flug zu übersteigen. Und wer vermag die Früchte, die
überall an den Zweigen hängen, würdig zu preisen? Sind sie
doch durchweg in sicher gestalteter Form gebildet, wie
wenn man gedrechseltes Holz sieht, das mitten auf der
Drehbank gleichmäßig geglättet wurde. (130) Die Früchte
hängen zunächst an zierlichem, länglichem Stiel und tragen
am dünnen Hals gewaltige Körper. Nun weitet sich die riesige Last zu gewichtigem Wanst, und alles wird Bauch, und
alles wird Wanst, und innen wachsen, gesondert, im höh-
lenreichen Kerker zahlreiche Kerne heran, (135) die dir eine
ebenso zahlreiche Ernte versprechen. Und solange der
Kürbis noch zart ist und bevor der Saft, den das Innere der
Frucht birgt, beim Nahen des Spätherbstes vertrocknet und
die Schale ringsum verholzt, sehen wir oft die Früchte mit
anderen köstlichen Speisen auf den Tisch gelangen; (140) in
heißer Pfanne saugen sie sich mit fettem Schmalz voll, und
häufig bieten die vollgesogenen Scheiben einen köstlich
mundenden Nachtisch. Lässt man jedoch die Frucht am
Mutterstock den Gluthauch der Sommersonne erdulden
und schneidet sie reif mit dem Messer, (145) dann kann die
gleiche Frucht zu dauerndem Gebrauch als Gefäß gestaltet
werden, indem wir aus dem mächtigen Bauch die Eingeweide entfernen und die Innenseite vorsichtig mit dem Eisen ausschaben und glätten. Manchmal lässt sich ein reichli-

Nonnunquam hac ingens sextarius abditur alvo,
Clauditur aut potior mensurae portio plenae.
Amphora quae, piceo linitur dum gluttine, servat   150
Incorrupta diu generosi dona Liei.

VIII
Pepones

Hoc simul in spatio, campi quo figitur imis
Haec tam laeta seges, vili quam carmine pinxi,
Visitur alterius vitis genus acre per aequor
Serpere pulvereum et fructus nutrire rotundos.   155
Pomorum haec species terrae super arida vulgo
Terga iacens crementa capit pulcherrima, donec
Solibus aestivis flavos intincta colores
Messoris calathos matura fruge replerit.
Tum videas aliis teretem satis esse figuram,   160
Undique porro aliis oblongo scemate ventrem
Demissum, nucis aut ovi versatilis instar,
Vel qualis manibus quondam suspensa supinis
Lucet agens circum lomenti bulla salivam
Ante recens maceretur aquis quam spuma refusis;   165
Dum lentescit adhuc digitis luctantibus, et se
Alternis vicibus studioque fricantibus uno,
Inter utramque manum parvo fit parvus hiatu
Exitus, huc stricto lenis meat ore Nothi vis,
Distenditque cavum vitrea sub imagine pondus,   170
Et centrum medio confingit labile fundo,
Undique conveniat cameri quo inflexio tecti.
Ergo calyps huius penetrat dum viscera pomi,
Elicit humoris largos cum semine rivos

cher Schoppen in der bauchigen Höhlung unterbringen,
oder sie fasst sogar mehr als die Hälfte eines ganzen Maßes.
(150) Verschließt du das Gefäß mit klebrigem Pech, bewahrt es dir lange noch frisch des gütigen Bacchus Geschenke.

8
Melone

Am gleichen Platz, wo tief in den Boden die üppige Pflanze
gesetzt ist, die mein geringes Lied soeben beschrieb, sieht
man eine kräftige andere Art von Rankengewächs über die
staubige Erde (155) kriechen und runde Früchte tragen.
Diese Art von Früchten liegt meist auf trockenem Boden
und gedeiht ganz prächtig, verfärbt sich dann in der Sommersonne gelb und füllt die Körbe des Gärtners mit reifer
Ernte. (160) Da kann man sehen, dass die einen Melonen
von ziemlich schlanker Gestalt sind, andere hingegen
durchgehend länglich mit dickem Bauch, die einer Nuss
oder einem leicht rollenden Ei gleichen. Sie gleichen wohl
auch einer Seifenblase, wie sie manchmal an gehobenen
Händen hängt und glänzt, indem sie die Lauge[, die ihre
Hülle bildet,] kreisen lässt, (165) bevor der frische Schaum
in zugeschüttetem Wasser zergeht. Solange aber der
Schaum noch zäh zusammenhält zwischen den verschlungenen Fingern, die sich beide in gleichem Eifer aneinander
reiben, entsteht ein kleiner Spalt und Ausgang zwischen
beiden Händen; spitzt man die Lippen und bläst dort den
warmen Atem sanft hinein, (170) treibt er die hohl sich
dehnende Masse auf wie eine gläserne Kugel, die gerade
dort schwankend fußt, wo die gewölbten Hände von allen
Seiten zusammentreffen. Durchdringt nun das Messer das
Innere dieser Frucht, lockt es reichliche Bäche von Saft mit

Multiplici: tum deinde cavum per plurima tergus   175
Frusta manu spargens hortorum laetus opimas
Delicias conviva capit, candorque saporque
Oblectant fauces, nec duros illa molares
Esca stupere facit, facili sed mansa voratu
Vi naturali frigus per viscera nutrit.   180

IX
Absinthium

Proximus absinthi frutices locus erigit acris,
Herbarum matrem simulantes vimine lento.
In foliis color est alius, ramisque odor alter
Puberibus, longeque saporis amarior haustus.
Ferventem domuisse sitim, depellere febres   185
Hoc solet auxilium clara virtute probatum.
Si tibi praeterea caput acri forte dolore
Pulsetur subito, vel si vertigo fatiget,
Huius opem rimare, coquens frondentis amaram
Absinthi silvam, tum iura lebete capaci   190
Effunde, et capitis perfunde cacumina summi.
Quo postquam ablueris graciles humore capillos,
Devinctas frondes super imposuisse memento.
Tum mollis fotos constringat fascia crines,
Et post non multas elapsi temporis horas   195
Hoc inter reliquas eius mirabere vires.

Mengen von (175) Kernen hervor. Zerteilt man dann die
hohle Frucht mit der Hand in zahlreiche Stücke, erhält der
fröhliche Gast herrliche Leckerbissen aus dem Garten; das
weiß schimmernde Fruchtfleisch und sein Geschmack erfreuen den Gaumen, und solche Speise macht den harten Backenzähnen keine Mühe; nein, leicht gekaut und
geschluckt, (180) kühlt sie aus natürlicher Kraft die Eingeweide.

9
Wermut

Das nächste Beet lässt die Stauden des bitteren Wermuts
wachsen, deren zähes Gezweig der Mutter der Kräuter ähnelt. Doch haben die Blätter andere Farbe, und auch die
Zweige, wenn sie ausgewachsen sind, anderen Duft; als Getränk schmeckt der Wermut viel bitterer. (185) Doch stillt
er brennenden Durst und vertreibt als bewährter Heiltrank
mit rühmlicher Wirkung meistens das Fieber. Auch wenn
dir im Kopf einmal plötzlich scharfer Schmerz hämmert
oder Schwindel dich quält, dann suche dir Hilfe beim Wermut, koche die bitteren Blätter der laubreichen (190) Pflanze, schütte den Absud aus bauchiger Schüssel und begieße
damit den Scheitel des Hauptes. Hast du dann die feinen
Haare mit diesem Nass gespült, vergiss nicht, einen Bund
Wermutblätter darüber zu legen. Dann soll ein weiches
Tuch die feuchtwarmen Haare umschlingen, (195) und sind
dann nur wenige Stunden vergangen, wirst du neben sonstigen Kräften des Wermuts auch diese Wirkung bewundern.

X
Marrubium

Quid referam iuxta positi nimiumque potentis
Marrubii non vile genus, licet acrius ora
Mordeat et longe gustum disiungat odore.
Dulce enim olet, non dulce sapit, sed pectoris aegros 200
Comprimit angores, tristi dum sumitur haustu,
Praecipue talis caleat si potus ab igni
Et coenam cyatis cogatur claudere crebris.
Si quando infensae quaesita venena novercae
Potibus inmiscent dapibusve aconita dolosis 205
Tristia confundunt, extemplo sumpta salubris
Potio marrubii suspecta pericula pressat.

XI
Foeniculum

Nec maratri taceatur honor, quod stipite forti
Tollitur, et late ramorum brachia tendit,
Dulce satis gustu dulcem satis addit odorem. 210
Hoc oculis, quos umbra premit, prodesse locuntur,
Huius item semen foetae cum lacte capellae
Absumptum ventris fertur mollire tumorem
Cunctantisque moras dissolvere protinus alvi.
Praeterea radix maratri commixta liquori 215
Lenaeo tussim percepta repellit anhelam.

10
Andorn

Soll ich die schätzenswerte Gattung des Andorn erwähnen, der im Garten daneben steht und mächtige Kräfte besitzt? Freilich brennt er gewaltig im Mund und schmeckt weitaus schlechter, als er riecht. (200) Denn er duftet zwar süß, doch schmeckt er nicht süß, lindert aber quälende Beklemmung der Brust, wenn man ihn als bitteren Trank einnimmt; besonders hilft er, wenn man ihn heiß vom Feuer trinkt und sich zwingt, mehrere Becher davon nach dem Mahl zu nehmen. Und wenn einmal feindselige Stiefmütter Gifte zusammensuchen und sie (205) dir ins Getränk mischen, wenn sie schädlichen Eisenhut in trügerische Speisen geben, so unterdrückt ein sogleich genommener Trank des heilsamen Andorns die drohende Lebensgefahr.

11
Fenchel

Auch sei der Ruhm des Fenchels nicht verschwiegen, der mit kräftigem Spross emporwächst und die Arme der Zweige weit ausstreckt; (210) er schmeckt ziemlich süß und verbreitet auch recht süßen Duft. Wenn Schatten die Augen verdunkeln, soll er nützlich sein; auch soll sein Samen, getrunken mit der Milch einer Mutterziege, Blähungen im Bauch lindern, soll auch prompt die Verstopfung des zaudernden Leibes lösen. (215) Zudem vertreibt die Wurzel des Fenchels, vermischt mit Lenaeischem Trank, den keuchenden Husten.

XII
Gladiola

Te neque transierim Latiae cui libera linguae
Nomine de gladii nomen facundia finxit.
Tu mihi purpurei progignis floris honorem,
Prima aestate gerens violae iucunda nigellae
Munera, vel qualis mensa sub Apollinis alta
Investis pueri pro morte recens yacincthus
Exiit et floris signavit vertice nomen.
Radicis ramenta tuae siccata fluenti
Diluimus contusa mero saevumque dolorem
Vesicae premimus tali non secius arte.
Pignore fullo tuo lini candentia texta
Efficit, ut rigeant dulcesque imitentur odores.

XIII
Lybisticum

Inter odoratam memorare lybistica silvam
Fortia, suadet amor parvi diffusior horti.
Hoc germen suco quamvis et odore gemellis
Orbibus officere et tenebras inferre putetur,
Semina saepe tamen quaesitis addere curis
Parva solet, famamque aliena laude mereri.

12
Schwertlilie

Auch dich, Schwertlilie [*Gladiole*], will ich nicht übergehen, der die frei schaffende Kunst der lateinischen Sprache ihren Namen vom Wort für Schwert [*gladius*] bildete. Du lässt mir die Pracht deiner purpurnen Blüte sprießen (220) und übernimmst im Frühsommer die erfreuliche Aufgabe des dunklen Veilchens oder gleichst auch der Hyazinthe, die unten am hohen Altar Apolls statt des toten, bartlosen Jünglings als neue Blume aufging und oben an der Blüte sein Namenszeichen trägt. Getrocknete Stückchen deiner Wurzel zerreiben wir, (225) lösen sie in Wein auf und beheben allein durch dieses Mittel der Heilkunst den stechenden Schmerz in der Blase. Durch deine zuverlässige Wirkung macht der Walker glänzend weiße Leinengewebe steif und lässt sie deinen süßen Duft annehmen.

13
Liebstöckel

Dich, Liebstöckel, kräftiges Kraut, unter den duftenden Büschen zu nennen, (230) rät mir die alles umfassende Liebe zum kleinen Garten. Diese Pflanze soll zwar durch Saft und Geruch dem Zwillingspaar der Augen schaden und Blindheit bewirken, doch mischt man ihre kleinen Samenkörner oft anderen gesammelten Heilkräutern bei, so dass sie Ruhm durch fremdes Verdienst gewinnen.

XIV
Cerfolium

Quae tot bellorum, tot famosissima rerum 235
Magnarum monimenta sacro pia conficis ore,
Exiles, Erato, non dedignare meorum
Divitias holerum versu perstringere mecum.
Infirmis divisa licet Macedonia ramis
Spargitur, et crebris ignobile semen aristis 240
Sufficit, illa tamen toto reparabilis anno
Pauperiem largo solatur munere plebis
Indiguae, nec non restringere sanguinis undas
Corpore diffusas facili solet obvia gustu.
Illa quoque infesto venter dum forte dolore 245
Turbatur, fomenta super non irrita ducit,
Puleium sibimet frondesque papaveris addens.

XV
Lilium

Lilia quo versu candentia, carmine quove
Ieiunae macies satis efferat arida Musae?
Quorum candor habet nivei simulacra nitoris, 250
Dulcis odor silvas imitatur flore Sabaeas.
Non Parius candore lapis, non nardus odore
Lilia nostra premit, necnon si perfidus anguis
Ingenitis collecta dolis serit ore venena
Pestifero, caecum per vulnus ad intima mortem 255
Corda feram mittens, pistillo lilia praestat
Commacerare gravi sucosque haurire Falerno.
Si quod contusum est summo liventis in ore

14
Kerbel

(235) Die du treulich mit heiligem Mund das ruhmreiche Gedächtnis so vieler Kriege und großer Taten verkündest, Erato, verschmähe es nicht, den bescheidenen Reichtum meiner Gemüse ein wenig mit mir im Vers zu behandeln. Mag auch der Kerbel, das Mazedonische Kraut, sich teilend, nur schwächliche Zweige (240) ausbreiten und mögen die vielen Dolden nur spärliche Samen erzeugen, so erneuert er sich doch das ganze Jahr hindurch und lindert durch üppige Gabe die Armut bedürftigen Volkes. Auch vermag dieses Kraut, das stets zur Hand ist, in leichter Gabe genommen, gewöhnlich Blutwallungen im ganzen Körper zu dämpfen. (245) Auch wenn der Leib einmal von schlimmem Schmerz gequält wird, liefert der Kerbel Umschläge, die besonders gut wirken, wenn er sich noch Minze und Mohnblätter zugesellt.

15
Lilie

Mit welchem Vers oder welchem Lied soll meine nüchterne Muse, so trocken und mager, die schimmernden Lilien sattsam preisen? (250) Ihr Weiß gleicht glänzendem Schnee, der süße Duft ihrer Blüte gleicht dem der Wälder von Saba. Nicht übertrifft der Parische Marmor an Weiße unsere Lilien, nicht übertrifft sie die Narde an Duft, und wenn eine arglistige Schlange mit angeborener Tücke gesammeltes Gift aus verderblichem Maul spritzt (255) und grausamen Tod durch kaum sichtbare Wunde ins innerste Herz sendet, dann zerstößt man am besten Lilien mit schwerem Mörser und trinkt den Saft mit Falerner. Legt man etwas von dem Zerquetschten auf die blau unterlaufene Bissstelle, (260)

Ponatur puncti, tum iam dinoscere vires
Magnificas huiusce datur medicaminis ultro.　　　　　260
Haec etiam laxis prodest contusio membris.

XVI
Papaver

Et Cereale quidem nugarum in parte papaver
Hac memorare placet, quod raptu mesta puellae
Mater, ut immensis optata oblivia mentem
Exuerent curis, fertur Latona vorasse.　　　　　265
Hoc simul auxilio carbunculus ater, ab imo
Pectore qui ructus nimium convolvit amaros
Oris adusque fores, reprimi persaepe videtur.
Huius ad alta caput granorum semine fetum
Protento fragilique solet se tollere collo,　　　　　270
Inque modum mali, regio cui Punica nomen
Indidit, unius patulo sub pellis amictu
Grana celebrandae virtutis plurima claudit,
Deque sono mandentis habet formabile nomen.

XVII
Sclarega

Hic umbrosa novos inter sclarega virores　　　　　275
Stipite praevalido assurgens, ramosque comasque
Altius extollit: quae quamvis rarius ulli
Quaesita auxilio medicorum paene putetur
Effugisse manus; dulci tamen indita caldae
Et vires et odorati fermenta saporis　　　　　280
Praestat. eam iuxta hortensis non extima costi

kann man auch hier schon gleich die herrlichen Kräfte des Heilkrauts erkennen. Zerriebene Lilien helfen auch bei Lähmung der Glieder.

16
Schlafmohn

Gern erwähne ich hier im leichten Gedicht auch den Schlafmohn der Ceres, den – wie man erzählt – die Mutter Latona voll Trauer über den Raub ihrer Tochter in Fülle aß, damit erwünschtes Vergessen ihr Herz (265) von maßlosem Kummer befreie. Mit Hilfe des Mohns wird auch oft, wie es scheint, ein schlimmes Geschwür unterdrückt, das tief aus der Brust furchtbar bitteres Aufstoßen bis zur Pforte des Mundes würgend hochsteigen lässt. Der Mohnkopf, gefüllt mit Samenkörnern, (270) pflegt sich auf vorgeneigtem, schwachem Hals zur Höhe zu heben; auch birgt er, ganz wie der Granatapfel, der nach Punischem Lande benannt ist, zahlreiche Körner von preislicher Wirkung in der weiten Hülle der Schale. Ihren lautmalenden Namen erhielt die Pflanze vom Geräusch beim Mampfen.

17
Muskatellersalbei

(275) Hier steigt zwischen jungem Grün der schattende Muskatellersalbei mit höchst kräftigem Stängel empor und reckt Zweige und Blättchen nach oben. Da man ihn nur selten als Heilmittel aufsucht, mag man fast meinen, er sei den Händen der Ärzte entglitten; doch spendet er, in heißes Honigwasser gegeben, (280) sowohl Kräfte wie auch ein Gebräu von duftender Würze. Neben dem Salbei steht ver-

Silva latet stomachique moras ventremque salubri
Provocat auxilio radicis munere coctae.

XVIII
Menta

Nec mihi defuerit vulgaris copia mentae
Multa per et genera et species diversa coloresque 285
Et vires. huius quoddam genus utile vocem
Raucisonam claro rursus redhibere canori
Posse putant, eius sucos si fauce vorarit
Ieiuna, quem crebra premens raucedo fatigat.
Est aliud praepingue genus huiusce frutecti, 290
Quod iam non parvi diffundat germinis umbras,
Celsa ebuli sed more petens a stipite forti
Undique maiores foliorum prorogat alas,
Quîs odor alter inest pauloque immitior haustus.
Sed si quis vires speciesque et nomina mentae 295
Ad plenum memorare potest, sciat ille necesse est,
Aut quot Eritreo volitent in gurgite pisces,
Lemnius aut altum quot in aera Mulcifer ire
Scintillas vastis videat fornacibus Aetnae.

XIX
Puleium

Non patitur cunctas angustia carminis huius 300
Pulei virtutes celeri comprendere versu.
Hoc apud Indorum tanti constare peritos

borgen, nicht als geringste Staude, die Frauenminze. Kocht man ihre Wurzel, befördert sie, heilsam helfend, träge Verdauung und Stuhlgang.

18
Minze

Auch darf mir nie ein Vorrat an gewöhnlicher Minze fehlen, (285) die viele verschiedene Arten und Sorten und Farben und Kräfte aufweist. Eine nützliche Art dieser Minze vermag, wie man meint, der rauen Stimme wieder klaren Ton zurückzugeben, wenn einer, den häufige Heiserkeit quält und belästigt, auf nüchternen Magen ihren Saft trinkt. (290) Auch gibt es eine andere, sehr mastige Art dieser Pflanze, die nicht mehr wie ein kleines Gewächs nur geringen Schatten verbreitet, sondern nach Art des Attichs mit kräftigem Stängel nach oben strebt und die mächtigen Schwingen der Blätter nach allen Seiten ausbreitet; diese duften aber anders, und der Aufguss schmeckt ein wenig herber. (295) Wer aber Kräfte, Arten und Namen der Minze vollständig aufzählen kann, weiß auch bestimmt, wie viel Fische im Roten Meer sich tummeln oder wie viele Funken der Lemnische Schmiedegott aus den riesigen Essen des Aetna in die Luft wirbeln sieht.

19
Poleiminze

(300) Die engen Grenzen meines Gedichtes erlauben es nicht, alle Tugenden der Poleiminze in raschem Vers zu umfassen. Sie soll bei den erfahrenen Ärzten der Inder so viel kosten wie bei den Galliern ein ganzer Sack des

Fertur, apud Gallos quanti valet Indica nigri
Congeries piperis.   Quis iam dubitare sinetur
Hac herba plures leniri posse labores, 305
Quam pretiis inhianter emit ditissima tantis
Gens, hebenoque auroque fluens et mira volenti
Quaeque ferens mundo.   O magni laudanda tonantis
Virtus et ratio, nullis quae munera terris
Larga suae non pandit opis!   quae rara sub isto 310
Axe videre soles, aliis in partibus horum
Copia tanta iacet, quantam vilissima tecum
Efficiunt: rursus quaedam quae spreta videntur
Forte tibi, magno mercantur ditia regna,
Altera ut alterius potiatur foenore tellus, 315
Orbis et in toto per partes una domus sit.
Puleium quoque decoctum curabit, amice,
Et potu et fotu stomachum, mihi crede, morantem.
Dum canimus quae certa gravi ratione tenemus,
Quaedam audita etiam vero miscere coturno 320
Fas ususque sinit: ramum coniungito pulei
Auriculae, ne forte caput turbaverit aestus
Solis in aerio si te perflarit aperto.
Quod nisi me currens deponere vela Thalia
Cogeret ac tandem portus intrare moneret, 325
Hinc tibi multiplices poteram decerpere flores.

XX

Apium

Quamvis in nostris apium vilesceret hortis,
Et solo id multi prodesse sapore putarint,
Plura tamen propriis medicamina viribus acri

schwarzen Indischen Pfeffers. Wer dürfte da noch zweifeln, (305) dass dieses Kraut zahlreiche Leiden zu lindern vermag, da jenes steinreiche Volk es um riesigen Preis so gierig erkauft, ein Volk, das Ebenholz und Gold in Fülle besitzt und der begierigen Welt Wunderdinge aller Art zu bieten vermag? Wie sehr sind Kraft und Weisheit der machtvollen, donnernden Gottheit zu preisen, die jeglichem Land (310) ihre hilfreichen Gaben in Fülle spendet! Denn was man unter dem einen Himmel gewöhnlich nur selten sieht, davon liegt in anderen Erdteilen eine Menge bereit, so groß wie in deiner Gegend nur von den billigsten Dingen; manches wieder, was dir vielleicht wertlos erscheint, kaufen wohlhabende Königreiche für teures Geld, (315) so dass ein Land Anteil am Ertrag des anderen gewinnt und die ganze Welt mit all ihren Teilen einen einzigen Haushalt darstellt. Auch wird, glaube mir, lieber Freund, der Absud der Poleiminze, als Trank wie als Umschlag, den säumigen Magen kurieren. Zwar künden wir sonst nur, was wir mit gutem Grund als sicher erkannten, (320) doch dürfen wir hier nach Recht und Brauch in unser glaubwürdiges Gedicht auch etwas einfügen, was wir nur hörten: Stecke dir einen Poleizweig hinter das Ohr, damit dir nicht etwa Sonnenhitze den Kopf verwirrt, die unter freiem Himmel auf dich eindringt. Und zwänge mich Thalia nicht eilend, die Segel zu reffen, (325) und mahnte sie nicht, nun endlich den Hafen anzulaufen, könnte ich dir auf diesem Feld noch mancherlei Blumen pflücken.

20
Sellerie

Mag auch in unseren Gärten Sellerie schon ganz wohlfeil geworden sein, und viele meinen, er diene nur dem Wohlgeschmack, so schenkt er doch aus eigener Kraft viele Mit-

Exhibet auxilio. cuius si trita capessas 330
Semina, torquentes urinae frangere tricas
Dicitur; ipsum etiam tenero cum germine mansum
Concoquit errantes stomachi penetralibus escas.
Corporis hunc regem turbans si nausia vexet,
Mox apium lympha tristique bibatur aceto, 335
Passio tum celeri cedet devicta medellae.

XXI

Vettonica

Montibus et silvis, pratis et vallibus imis
Vettonicae pretiosa licet collectio cunctis
Paene locis superet passim, tamen hanc quoque noster
Hortus habet cultaque docet mansuescere terra. 340
Haec tantum meruit generali nomine laudis,
Ut si quid mea Musa velit superaddere, tandem
Mole operis devicta sui iam sentiat, illa
Utilitate minus quicquid deprompserit esse.
Hanc viridem si forte tuos coneris in usus 345
Carpere siccatamve hiemi deponere pigrae,
Turbida sive tuas oblectant pocula fauces,
Seu potius longo tibi defaecata labore
Dona placent, huius virtus mirabilis herbae
Omnia sufficiet; quam quosdam pendere tanti 350
Novimus, ut contra totam quae iniuria corpus
Impetit interius, muniri viribus eius
Sese posse rati, soleant haurire diebus
Continuis hoc acre genus medicaminis almi.
Praeterea caput infesto si vulnere fractum 355
Tabuerit, tum crebra terens imponito sacrae

tel zu (330) wirksamer Hilfe. Nimmst du seine zerriebenen Samen ein, behebt er, wie man sagt, quälende Schmerzen beim Wasserlassen. Isst man auch die Knolle selbst mitsamt ihrem zarten Trieb, verdaut sie Speisen, die noch im Mageninneren rumoren. Wenn diesen König unseres Leibes würgender Brechreiz quält, (335) trinke man sogleich Sellerie mit Wasser und herbem Essig; dann wird die Übelkeit, besiegt, dem rasch wirkenden Heilmittel weichen.

21
Betonie

Mag auch auf Bergen und in Wäldern, auf Wiesen und in tiefen Tälern die kostbare Betonie fast überall und allerorten in Fülle stehen, so hegt sie doch auch unser (340) Garten und lehrt sie, auf bebautem Land Kulturpflanze zu werden. Sie hat schon aus aller Munde so viel Lob geerntet, dass meine Muse, wollte sie es noch mehren, gar bald, besiegt von so schwerer Aufgabe, spürte, alles, was sie vorbringe, werde dem Nutzen der Betonie nicht gerecht. (345) Wenn du es etwa unternimmst, sie grün zu deinem Zweck zu pflücken oder sie zu trocknen und für den langen Winter aufzubewahren – ob nun Becher noch gärenden Mosts deine Kehle erfreuen oder dir eher Wein schmeckt, der in langer Mühe geklärt ist –, für all dies wird dir die erstaunliche Kraft dieses Krautes (350) Ersatz bieten. Wir wissen ja, dass manche die Betonie so hoch schätzen, dass sie meinen, sich mit ihren Kräften gegen jeden Schaden schützen zu können, der ihren Körper innerlich angreift. Daher pflegen sie Tag um Tag diese kräftig wirkende Art heilsamen Trankes zu nehmen. (355) Und wenn zudem dein Kopf vom Feind getroffen und verwundet ist und eitert, dann zerreibe die heilige Betonie und lege sie häufig als Umschlag auf; so-

Tegmina vettonicae, statim mirabere vires
Illius, in solidum fuerit dum clausa cicatrix.

XXII
Agrimonia

Hic quoque sarcocolam, campos quae plurima passim
Vestit et effetis silvarum inventa sub umbris 360
Nascitur, ordinibus facile est discernere pulchris.
Haec praeter varium latae virtutis honorem
Trita domat ventris praedirum et pota dolorem.
Si quae forte calybs infensus vulnera membris
Indiderit nostris, huius temptare iubemur 365
Auxilium, partique imponere tunsa patenti
Germina, maturum nacturi hac arte vigorem,
Si tamen addatur mordens cataplasmati acetum.

XXIII
Ambrosia

Haud procul ambrosiam vulgo quam dicere mos est
Erigitur, laudata quidem, sed an ista sit illa, 370
Cuius in antiquis celeberrima mentio libris
Fit, dubium est multis.   Medici tamen arte suapte
Hanc utcumque colunt, tantum quae sanguinis hausta
Absumit, quantum potus ingesserit almi.

gleich wirst du die Heilkraft bewundern, wenn die Wunde
sich fest verschließt und vernarbt.

22
Odermennig

Hier erkennt man auch leicht den Odermennig in schönen
Reihen, der überall in Fülle (360) die Fluren bekleidet und
auch im Schatten der Wälder, wo sonst nichts gedeiht, sich
findet und wächst. Er wird für seine zahlreichen Kräfte
vielfach gerühmt, und zudem bezwingt er, zerrieben und
getrunken, die schrecklichen Schmerzen des Magens. Hat
einmal feindliches Eisen unsere Glieder (365) verletzt, rät
man uns, seine Heilkraft zu erproben und auf die klaffende
Wunde seine gestoßenen Triebe zu legen, um bald durch
dieses Mittel ärztlicher Kunst wieder Kraft zu erlangen, besonders,
wenn man auf den Umschlag noch beißenden Essig
träufelt.

23
Ambrosia

Nicht fern vom Odermennig wächst eine Pflanze empor,
die man gewöhnlich Ambrosia nennt (370) und die man
zwar preist, doch bei der viele Zweifel hegen, ob es jene
Ambrosia ist, die in alten Büchern so vielfach gerühmt
wird. Jedenfalls verwenden sie die Ärzte in ihrer Kunst; sie
entzieht, getrunken, dem Körper so viel Blut, wie sie ihm
an heilsamem Trank zuführt.

XXIV
Nepeta

Herbarum in numero, quas hortulus ille recenti
Semper prole creat, nepetae non segnior exit
Surculus, urticam foliis simulantibus, alto
Vertice praegratum late largitus odorem.
Haec variis olim morborum accommoda curis,
Non extrema alias inter decernitur herbas.
Huius enim sucus, roseo commixtus olivo,
Efficit unguentum, laesae quod vulnera carnis
Atque cicatricum deformia signa novarum
Posse abolere aiunt, prisco et reparare nitori,
Et revocare pilos, plagae quos forte recentis
Pestis hiulca tulit, sanie taboque peresos.

XXV
Rafanum

Hic rafanum radice potens latoque comarum
Tegmine sublatum extremus facit ordo videri.
Cuius amara satis quatientem viscera tussim
Mansa premit radix, triti quoque seminis haustus
Eiusdem vitio pestis persaepe medetur.

24
Katzenminze

(375) Unter den Pflanzen, die unser Gärtchen ständig in frischem Nachwuchs hervorbringt, wächst das Reis der Katzenminze nicht minder fleißig heran; ihre Blätter gleichen der Brennnessel, und hoch an der Spitze verbreitet die Blüte weithin höchst angenehmen Duft. Seit alters dient die Pflanze zur Behandlung verschiedener Krankheiten (380) und wird nicht als letztes von allen Kräutern verordnet. Vermischt man nämlich ihren Saft mit Rosenöl, ergibt er eine Salbe, die, wie es heißt, Fleischwunden ebenso schließen kann, wie sie die entstellenden Male frischer Narben tilgt. So gibt sie der Haut die frühere Glätte wieder (385) und erneuert den Haarwuchs, den etwa die schwärende Wunde von frischem Schlag durch Eiter und Fäulnis zerstörte.

25
Rettich

Hier lässt das letzte Beet den Rettich mit mächtiger Wurzel und breitem Blätterdach darüber erblicken. Schüttelt Husten dein Inneres, unterdrückt ihn die scharfe Rettichwurzel, wenn man sie isst, und bereitet man aus zerriebenem Rettichsamen einen Trank, so heilt er gar oft das Leiden an dieser verderblichen Krankheit.

XXVI
Rosa

Iam nisi me fessum via longior indupediret,
Scrupeus atque novi terreret carminis ordo,
Debueram viburna rosae pretiosa metallo
Pactoli et niveis Arabum circumdare gemmis. 395
Haec quia non Tyrio Germania tinguitur ostro,
Lata nec ardenti se Gallia murice iactat,
Lutea purpurei reparat crementa quotannis
Ubertim floris, tantum qui protinus omnes
Herbarum vicisse comas virtute et odore 400
Dicitur, ut merito florum flos esse feratur.
Inficit hic oleum proprio de nomine dictum,
Quod quam saepe fiat mortalibus utile curis,
Nec meminisse potest hominum nec dicere quisquam.
Huic famosa suos opponunt lilia flores, 405
Longius horum etiam spirans odor imbuit auras,
Sed si quis nivei candentia germina fructus
Triverit, aspersi mirabitur ilicet omnem
Nectaris ille fidem celeri periisse meatu.
Hoc quia virginitas fama subnixa beata 410
Flore nitet, quam si nullus labor exagitarit
Sordis et illiciti non fregerit ardor amoris,
Flagrat odore suo.   Porro si gloria pessum
Integritatis eat, foetor mutabit odorem.
Haec duo namque probabilium genera inclyta florum 415
Ecclesiae summas signant per saecula palmas,
Sanguine martyrii carpit quae dona rosarum,
Liliaque in fidei gestat candore nitentis.
O mater virgo, fecundo germine mater,
Virgo fide intacta, sponsi de nomine sponsa, 420

26
Rose

Wäre ich nun nicht zu müde, noch weitere Wege zu gehen, und schreckte mich nicht der mühsame Bau eines neuen Liedes, müsste ich die kostbaren Sträucher der Rose mit Gold (395) vom Pactolus und mit schimmernden Edelsteinen der Araber schmücken. Weil unserem Germanien tyrische Purpurfarbe fehlt und auch das weite Gallien sich nicht des leuchenden Purpurs zu rühmen vermag, schenkt uns die Rose zum Ausgleich jährlich in Fülle ihren purpurroten Blumenflor, von dem man sagt, er habe gleich anfangs die Blüten aller (400) Pflanzen an Kraft und Duft übertroffen, so dass man die Rose mit Recht die Blume der Blumen nenne. Sie teilt dem Öl, das man nach ihrem Namen benennt, ihre Kraft mit, und kein Mensch weiß es oder kann sagen, wie oft dieses Öl bei der Behandlung sterblicher Menschen Nutzen bringt. (405) Der Rose gegenüber bieten die ruhmreichen Lilien ihre Blüten dar, deren atmender Duft die Lüfte noch weiter durchdringt. Wenn aber jemand die leuchtenden Knospen der schneeigen Blüten zerreibt, wird er staunend gewahr, dass auf der Stelle jeder Verlass auf den Duft des daran haftenden Nektars rasch verloren ging. (410) Dies bedeutet, dass selige Jungfräulichkeit im Vertrauen auf ihren Ruf blühend erglänzt, aber nur, wenn keine Not der Sünde sie vertreibt und die Glut verbotener Liebe sie nicht brach, in ihrem Duft erglüht. Ging jedoch die Zier ihrer Reinheit verloren, wird ihr Duft in üblen Geruch umschlagen. (415) Diese beiden lobwürdigen und ruhmreichen Blumenarten sind nämlich schon seit Jahrhunderten Sinnbilder der höchsten Ruhmestitel der Kirche, die im Blut des Martyriums die Gabe der Rosen pflückt und die Lilien als leuchtendes Zeichen strahlenden Glaubens trägt. Mutter und Jungfrau du, Mutter mit fruchtbarem

Sponsa, columba, domus, regina, fidelis amica,
Bello carpe rosas, laeta arripe lilia pace.
Flos tibi sceptrigero venit generamine Iesse,
Unicus antiquae reparator stirpis et auctor;
Lilia qui verbis vitaque dicavit amoena, 425
Morte rosas tinguens, pacemque et proelia membris
Liquit in orbe suis, virtutem amplexus utramque.
Premiaque ambobus servans aeterna triumphis.

XXVII

Commendatio opusculi

Haec tibi servitii munuscula vilia parvi
Strabo tuus, Grimalde pater doctissime, servus 430
Pectore devoto nullius ponderis offert,
Ut cum consepto vilis consederis horti
Subter opacatas frondenti vertice malos,
Persicus imparibus crines ubi dividit umbris,
Dum tibi cana legunt tenera lanugine poma 435
Ludentes pueri, scola laetabunda tuorum,
Atque volis ingentia mala capacibus indunt,
Grandia conantes includere corpora palmis:
Quo moneare habeas nostri, pater alme, laboris,
Dum relegis quae dedo volens, interque legendum 440
Ut vitiosa seces, deposco, placentia firmes.
Te deus aeterna faciat virtute virentem
Inmarcescibilis palmam comprendere vitae:
Hoc pater, hoc natus, hoc spiritus annuat almus.

Reise, (420) Jungfrau mit reinem Glauben, Braut nach des Bräutigams Namen, Braut du, Taube und Hort, Königin, treue Gefährtin, pflücke Rosen im Streit, brich Lilien im glücklichen Frieden! Aus dem Königsstamm Jesse entspross dir eine Blüte, Erlöser allein des alten Stammes, dessen Urheber er ist. (425) Er weihte die Lilien durch seine Lehre und herrliches Leben, färbte die Rosen im Tod, hinterließ Frieden und Kämpfe seinen Anhängern auf Erden, vereinte in sich die Tugenden beider und verhieß für beider Triumph den Lohn auf ewig.

27
Zueignung des Büchleins

Dieses bescheidene Geschenk einer kleinen Arbeit (430) widmet dir, gelehrtester Vater Grimaldus, dein Diener Strabo aus ergebenem Herzen als Gabe ohne Gewicht. Wenn du dann im Geheg deines bescheidenen Gartens unter schattigen Obstbäumen mit laubigen Wipfeln sitzest, wo der Pfirsich mit ungleichen Schatten seine Krone teilt (435) und spielende Knaben, deine fröhlichen Schüler, das weißliche, zart flaumige Obst auflesen, dir die riesigen Früchte in die mächtigen Hände legen und die großen Pfirsiche mit den Händen zu umgreifen versuchen, dann sollst du, gütiger Vater, etwas haben, was dich an mein Bemühen erinnert; (440) und während du liest, was ich dir gerne verehre, bitte ich dich, beim Lesen die Fehler zu tilgen und, was dir gefällt, anzuerkennen. Gott möge dich in ewiger Tugend grünen und die Palme unverwelklichen Lebens gewinnen lassen. Dies gewähre dir der Vater, dies der Sohn und dies der Geist voller Gnade.

Anmerkungen

Wir folgen der Textgestaltung in den Ausgaben: *Poetae Latini aevi Carolini*, Bd. 2, rec. Ernst Dümmler, Berlin: Weidmann, 1884, S. 335–350; Walahfrido Strabone, *Hortulus*, a cura di Cataldo Rocccaro, Palermo: Herbita, 1979. – Zu den behandelten Pflanzen bemerken wir nur das Nötigste und verweisen auf die Arbeiten von Sierp (1925), Barabino (1975), den Kommentar von Roccaro (1979) und das Buch von Stoffler (6. Aufl., 2000).

Die Ziffern verweisen auf die Verszeilen.

Titel

Der Titel *De cultura hortorum* ist gestaltet nach der Überschrift des 10. Buches von Columellas *Carmen de cultu hortorum*. Auch dieses Buch ist in Hexametern verfasst. – Der spätere Titel »Hortulus« geht nicht auf die Handschriften zurück. – Der Dichter spielt mit der Form seines Namens, Strabus oder Strabo. Dies tut er auch in einem seiner Gedichte (Carm. 23) an Kaiserin Judith: *Edidit haec Strabus, parvissima portio fratrum, / Augia quos vestris insula alit precibus. / Strabonem quamquam dicendum regula clamet, / Strabum me ipse volo dicere, Strabus ero. / Quod factor vitiavit opus, si dicere fas est, / hoc vitiato edam nomine, parce deus.* – »Dies hat Strabus verfasst, der geringste der Brüder, die die Reichenau mit Hilfe Eurer Fürsprache nährt. Zwar fordert die Regel die Form Strabo, doch will ich mich Strabus nennen und Strabus sein. Die – wenn man so sagen darf – verdorbene Schöpfung will ich auch mit einem fehlerhaften Namen benennen, Gnade mir Gott.« Vgl. auch Walahfrids Carm. 12 und Önnerfors (1972), S. 74 f.

Anmerkungen

Praefatio (1–75)

Über den Gartenbau (1–18)

Der Gartenbau als Spielart des betrachtenden Lebens (1–3). Wer auf die Beschaffenheit des Erdreichs achtet, sich Mühe gibt und für Dünger sorgt, wird überall einheimisches Gemüse ziehen (4–14). Seine Lehren verdankt der Dichter neben der Lektüre besonders eigener Gartenarbeit (15–18).

1 *insignia:* bedeutet hier fast »Symbole«. – *tranquillae ... vitae:* wohl Hinweis auf den Gegensatz zwischen aktivem und betrachtendem Leben (Vita activa und Vita contemplativa); für den Mönch ist die betrachtende Lebensweise passend.

2 *Pestanae ... arti:* Vgl. Vergil, Georg. 4,119: *rosaria Paesti*; Ovid, Met. 15,708. Die Stadt Paestum in Lukanien war in der Antike wegen ihrer Rosen berühmt; Vergil spricht von den Rosenfeldern von Paestum gerade an der Stelle, wo er bedauert, den Gartenbau nicht behandeln zu können. Walahfrid erinnert an diese Stelle, um anzudeuten, dass er nun an Vergil als Schriftsteller über den Gartenbau anknüpft. Stoffler (2000, Anm. 2 zur Übers.) verweist auf eine ältere Möglichkeit der Auffassung: Mit *ars Pestana* könne die ärztliche Kunst gemeint sein (Paestum liegt nicht weit von Salerno), und man könnte übersetzen: »nicht die geringste Kunst ist es, wenn ein Jünger der Kunst von Paestum den Priapus zu behandeln weiß«, also: wenn ein Arzt einen Garten bebaut. Diese Auffassung passt aber nicht in den Zusammenhang. Eher wird man bei Paestum an die Rosenstadt denken, so dass Vers 2 auch einen rahmenden Vor-Klang zur letzten Blume des Gartengedichtes, der Rose (352f.), bildet.

3 *Priapi:* Vgl. Vergil, Georg. 4,111. – Der antike Gartengott Priapus, mit seinem mächtigen Zeugungsglied ein Garant der Fruchtbarkeit, musste dem Mönch garstig (»obszön«) erscheinen. Unsere Garten-Vogelscheuchen sind vielleicht Nachfolger Priaps.

4ff. Vielleicht trifft der Dichter diese Unterscheidung der Böden nach Columella 2,2,1 (?).

6 Vgl. Vergil, Georg. 2,184: *pinquis humus dulcique uligine laeta.*

Anmerkungen   45

9 *progignere fructus:* Vgl. Sedulius, *Carmen paschale* 1,34: *gignere fructum*.
10 *cura* ist das entscheidende Wort auch bei Vergil für die entsagende Mühe der Bauern. – *gravi ... veterno:* nach Vergil, Georg. 1,124: *torpere gravi passus sua regna veterno*.
11 Der Dichter tadelt den törichten Hochmut, der saubere, gepflegte Hände behalten will.
14 Der Mist wird in Körben auf die Beete getragen.
15 Walahfrid nennt drei Erkenntnisquellen: Die allgemeine Meinung; Lektüre antiker Werke; eigene Mühe und Erfahrung.

Schwierigkeit der unternommenen Arbeit (19–52)

Im Frühjahr, wenn alles wachsen will, zeigt sich schlimmes Unkraut auf dem Gartengrundstück (19–40). Energische Entfernung des Unkrauts (41–45). Anlage der Beete; Bereitung und Düngung des Bodens; Säen und Pflanzen (46–51). In ähnlicher Weise beginnt Columella sein poetisches Werk über den Gartenbau (Buch 10) mit der Beschaffenheit des Bodens und mit der Bereitung der Erde.

19 Knecht des Alters ist der Winter, weil der Alterungsprozess im Winter stärker voranschreitet.
20 Der Winter ist der Bauch des Jahres, der (nur) verzehrt und nichts leistet; vielleicht denkt Walahfrid an die Fabel vom Magen und den Gliedern.
27 Zephyr ist der Westwind.
28 *acumen:* Spitze; hier die aus den Wurzeln keimenden Triebe.
29 *canas ... pruinas:* nach Vergil, Georg. 2,376: *cana ... pruina*.
32 *atriolum:* hier: kleiner (Garten-)Raum; offenbar geht Walahfrid von einer gegebenen Situation aus.
33 *solis ... ad ortum:* nach Vergil, Georg. 3,277: *solis ad ortus*.
37f. *lentis Viminibus:* Vgl. Ovid, Fast. 6,262: *lento vimine textus*. Der Pferdewärter flicht Unterlagen, auf denen die Pferde trocken stehen, vergleichbar den heutigen Spalten-Böden.
41 *moras rumpens:* nach Vergil, Georg. 3,43: *rumpe moras*. – *Saturni dente:* nach Vergil, Georg. 2,406: *curvo Saturni dente*. Sa-

turn wurde sonst mit einem Winzermesser dargestellt; hier ist an einen Karst zu denken. – Es ist übrigens die Frage, ob Walahfrid hier die Tätigkeiten eines Abtes schildert.

46 *Nothi:* Notus ist der Südwind.

48 Stoffler (2000, Anm. 6 zur Übers.) gibt die Stelle so wieder: »Darauf gart durch des Südwinds Weh'n und die Wärme der Sonne / Unser Beet, dass es nicht verschwemmt, wird's mit Brettern umgeben / Und erhebt sich dadurch etwas höher über die Fläche.«

49 *rastris ... uncis:* Ist es der gleiche Karst wie oben (41)? Walahfrid könnte hier an eine Harke mit gebogenen Zähnen denken.

52 *stirpibus:* Gemeint ist: aus alten Wurzeln.

Beharrliche Mühe des Gärtners und Frucht seiner Arbeit
(53–75)

Sorgsame Bewässerung des Gartens (53–61) gleicht Standortnachteile aus (62–69) und führt zu üppiger Fruchtbarkeit (70–72). – Neues (kleines) Prooemium (73–75).

53 *Denique:* »schließlich«. Eine weitere Einwirkung, die das Gedeihen fördert, wird eingeführt.

55 Den Mondphasen wird vielfach Einfluss auf die Fruchtbarkeit zugeschrieben; auch fällt in hellen Mondnächten reichlich Tau.

58 f. Dümmler verweist in seiner Ausgabe auf Horaz, Carm. 2,7,20 ff. – Das Gießwasser für die Pflanzen wird zuerst in großen Krügen herbeigeschleppt.

59 *propriis palmis:* Der Mönch ziert sich nicht und gießt mit eigener Hand.

63 f. Die Stelle, wo sich der Klostergarten der Reichenau befand, war teilweise überdacht und teilweise durch eine Wand gegen raue Winde geschützt.

64 f. *muneris ... aerii:* Gemeint ist der Tau, der nachts aus der Luft herabkommt.

69 *pigro ... cespite:* Die Oberfläche der Beete verhinderte nicht das Wachstum der Samen, ließ also Wasser und Luft durch. *caespes* ›Rasen‹ lässt an vergraste Beete denken.

Anmerkungen

70 *potius:* hier: »erst recht«. – *translata:* Die Pflänzchen wurden vorgezogen und dann umgesetzt. Während des Umsetzens werden sie schlaff, erholen sich danach aber rasch, wenn man sie angießt.

72 *fructu:* Das Stichwort »Ertrag« leitet über zur Beschreibung der einzelnen Pflanzen, die nun heranwuchsen.

73 ff. Beim Beginn des eigentlichen Themas wird die Muse angerufen; vgl. Anm. zu Vers 235–247.

75 *res parvae ornentur honore:* Vgl. Vergil, Georg. 3,290: *angustis hunc addere rebus honorem.*

Der Garten (76–428)

Salbei (76–82)

Der Salbei ist unsere heute noch offizinelle Salbeistaude (*Salvia officinalis L.*; *salvia* ›Heilkraut‹, zu lat. *salvus* ›heil‹), in der Antike auch *lelifagus* oder *elelifagus* genannt. Sie genoss bei uns erst seit karolingischer Zeit wegen ihrer Heilkraft hohes Ansehen und war eine der häufigsten Pflanzen in Kloster- und Bauerngärten (daher das Sprichwort: *Cur moriatur homo, cui salvia crescit in horto?* – »Warum soll einer sterben, dem Salbei im Garten wächst?«). Im Reichenauer Klosterplan steht der Salbei ebenso an erster Stelle wie bei Walahfrid. Der Salbei ist im Lateinischen zuerst bezeugt bei Plinius, Nat. Hist. 22,146, wo auch eine knappe Beschreibung steht. Vielleicht kannte Walahfrid (über Zwischenquellen?) die Stelle, stimmt mit ihr auch überein (77: *dulcis odore, gravis virtute*; Plinius 22,146: *odore gravi*). Der mediterrane Strauch, der bis zu 1 m Höhe wächst, liefert viele Samen, die herabfallen, üppig keimen und u.U. später den Mutterstrauch erwürgen, wie Walahfrid betont (80–82).

76 Die korrekte Form des griechischen Namens wäre *elelisphacus*. Walahfrid wählt die Form *lelifagus* wohl wegen des tönenden Versanfanges.

77 *gravis:* »bedeutend« ist der Salbei durch seine Kraft.

78 *reperta:* »erfunden«, herausgefunden; Hinweis auf frühere Erfahrung oder Forschung.

79 *viridi ... iuventa:* gestaltet nach Vergil, Aen. 5,295: *Euryalus ... viridique iuventa*, und Aen. 4,32: *perpetua ... iuventa*. Walahfrid betont die ewige Jugend der immergrünen Pflanze.

80 ff. *civile malum:* Die Pflanze erleidet inneren Zwist; die nachwachsenden Triebe drohen den Stammtrieb zu erwürgen. Manche Erklärer sehen hier eine politische Anspielung: Walahfrid nehme im Streit um die Machtbereiche der Söhne Ludwigs des Frommen (Lothar, Ludwig, Pippin und, seit dem Reichstag von Worms, 829, Karl) Partei für den Kaiser gegen dessen aufrührerische Söhne; 833 wurde Ludwig der Fromme auf dem Lügenfeld bei Colmar von seinem Heer verlassen und starb 840. Das Reich wurde geteilt, doch entstand weiterer Zwist unter den Herrschern (841 Schlacht von Fontenay). Walahfrid stellte sich im ganzen Streit auf die Seite Ludwigs des Frommen und Karls, den er erzogen hatte. Die bedrohlichen Nachkömmlinge des Salbeis, die der Stammpflanze schaden, wären also Sinnbilder der Söhne Ludwigs des Frommen. Inwieweit diese Deutung zutrifft, ist schwer zu sagen. Vers 80 würde immerhin die Königssöhne als grausam (*saeva*) be-

zeichnen, Vers 81 würde empfehlen, sie aus dem Weg zu räumen (*fuerit ni dempta*). Zu sonstigen politischen Anspielungen bei Walahfrid vgl. Önnerfors (1972), S. 57f.

Raute (83–90)

Gemeint ist unsere Raute (*Ruta graveolens L.*), deren lockere Gestalt Walahfrid zutreffend schildert. Die Raute war den griechischen Ärzten wegen ihrer harntreibenden Wirkung bekannt; in Catos *De agricultura* (119) taucht sie dagegen als Gewürz auf, ebenso im anonymen Kräuterkäsegedicht (*Moretum*). Plinius, Nat. Hist. 20,131, rühmt sie wieder als Heilpflanze. Im Mittelalter war die Raute ein verbreitetes Heilkraut und trat häufig mit dem Salbei auf.

Anmerkungen

83 *nemus:* Der »Hain« besteht aus den Salbeisträuchern, vor denen sich die Rauten abheben.
85 Im Gegensatz zum Salbei wirft die Raute nur kleine Schatten.
88 Walahfrid folgt hier einer Art von Analogie-Denken: Da die Raute tief im Innern (Mark) vielfache Kräfte besitzt, bekämpft sie auch vorwiegend Schadstoffe tief im Innern des Körpers.
89 *dicitur:* Walahfrid weist auf eine Quelle für die Wirkung der Raute als Gegengift hin; vielleicht ist Plinius gemeint. – Noch im 19. Jahrhundert nahmen Leichenträger Salbeisträußchen zum Schutz gegen Ansteckung in den Mund.
90 *fibris:* Gemeint sind die von Gift befallenen Eingeweide.

Eberraute (91–98)

Die Pflanze, in der Antike wohl bekannt, wird auch Eberreis (*Artemisia abrotanum L.*) genannt. Der deutsche Name ist aus Veränderung des lateinischen Ausdrucks *abrotanum* entstan-

Anmerkungen

den. Der Hauptspross ist aufrecht und reichlich verästelt, auch die Zweige sind oben stark verästelt und die Blätter gefiedert, weshalb sie Walahfrid mit Haaren vergleicht (93). Schon Plinius (Nat. Hist. 21,60) hatte auf die Fülle der Zweige hingewiesen.

92 *arista:* Granne, Ähre; hier: kleines, gefiedertes Blatt.
93 *tenues imitata capillos:* Vgl. Ovid, Am. 3,10,3: *tenues ... redimita capillos.*
95 *Paion,* lat. *Paeon (Paean),* ist Beiname des Gottes Apollon; da dieser auch Heil- und Sühnegott war, bedeutet das Adjektiv *Paeonius* (hier: *Poeonius*) auch »ärztlich«.
96 f. Die hier geschilderten Anwendungen kennt kein antiker Autor. Walahfrid schöpft aus eigener Erfahrung. Eberraute wird in der Pflanzenheilkunde gegen Rheumatismus verschrieben.
97 *guttae:* eigentlich ›Tropfen‹; hier wohl so viel wie griech. *rheuma* ›Fluss, Gicht‹.

Flaschenkürbis (99–151)

Gemeint ist bei Walahfrid der so genannte Flaschenkürbis (*Cucurbita lagenaria L.*), nicht der heute in vielen Spielarten auftretende Gartenkürbis (*Cucurbita Pepo L.*), der erst aus Amerika zu uns kam. Der Kürbis ist eine Rankenpflanze, deren Ranken in den Achseln der Blätter entspringen und sich an der Spitze gabeln. Finden sie eine Stütze, umschlingen sie diese, während sich der untere Teil der Ranke spiralig rollt, um höhere Festigkeit und Elastizität zu gewinnen. Walahfrid ließ die Kürbispflanze an Bäumen und Stützen hoch ranken. Dass die Pflanze überhaupt auf der Reichenau gedieh, spricht für das dortige milde Klima. – In der Spätantike wurde häufig Jonas in der Kürbislaube bildlich dargestellt (nach dem Alten Testament, Jona 4,6).

106 *arbustivum vitis genus:* Vgl. Columella, De arbor. 4: *genus vitium arbustivum.*
107 f. *ramorum ... alta corimbis / Vestiit:* Vgl. Vergil, Ecl. 3,38 f.: *vitis diffusos hedera vestit pallente corymbos.*

119 ff. Die Mädchen ziehen die Wolle vom Wocken und leiten sie zur sich drehenden Spindel; diese zieht, am Boden tanzend, weite Kreise, wobei sich der Faden Windung um Windung schön geordnet auf ihr aufspult; ebenso ringeln sich die Greifranken der Kürbisstaude um die Spalierstäbe.

129 *mamfure:* eigentlich ein Riemen für den Drechsler; hier bedeutet das Wort aber wohl (pars pro toto) die ganze Drehbank.

135 *consimilem:* Die künftige Ernte entspricht der Zahl der Kerne im Kürbis.

136 ff. Ähnliche Kürbisrezepte bietet schon das Kochbuch des Apicius; vgl. B. Flower / E. Rosenbaum, *The Roman Cookery Book. A Critical Translation of »The Art of Cooking« by Apicius for Use in the Study and the Kitchen*, London [u. a.] 1958, S. 74 ff.

148 Ein römischer Sextar enthielt 0,54 Liter.

151 *Liei:* Lyaeus (»Sorgenlöser«) war der antike Beiname des Bacchus.

Melone (152–180)

Zwar nennt Walahfrid auch die Melone (*Cucumis melo L.*) ein Rankengewächs (153), doch kriecht sie (wie die Gurke oder unser Kürbis) am Boden. Beim Anschneiden entrinnen der Frucht reichliche Saftströme mit vielen Samen (174); tatsächlich schwimmen Melonensamen in Flüssigkeit, während sie beim Kürbis in trockener Substanz lagern. – Auffällig ist, dass die Melone als Pflanze des Südens hier im Freien wächst und Früchte zur Reife bringt; dies erklärt sich durch das milde Klima des Bodensees, der Reichenau und der Mainau. Die Melone muss aber auch dort geschützt werden. Übrigens ist die Heimat der Melone unbekannt; sie stammt vielleicht aus Afrika. Im alten Rom war die Melone bereits bekannt. Unsere heutigen Kürbisse und Zucchini sind neuzeitliche Züchtungen.

153 *laeta seges:* Anspielung auf den ersten Vers von Vergils *Georgica.* – *quam ... pinxi:* Die eben beschriebenen Früchte des Flaschenkürbis. – *vili ... carmine:* so genannter Bescheidenheits-Topos; Walahfrid bezeichnet sein Gedicht als »gering«.

54 Anmerkungen

163 ff. Walahfrid beschreibt zuerst eine von selbst entstandene Seifenblase; dann erweitert sich der Vergleich zu einem zweiten Bild, dem einer künstlich erzeugten Seifenblase.

169 Notos ist der Süd- oder Sturmwind; hier ist nur der geblasene Atem gemeint.

173 *calyps: chalybs* ›Stahl‹; benannt nach den skythischen Chalybern am Schwarzen Meer, die wegen ihrer Schmiedearbeiten berühmt waren. Hier bedeutet das Wort nur das Messer des Gärtners oder Kochs.

177 f. Die Verse weisen auf besondere Sorgfalt des Klosters für seine Gäste hin; die Regel Benedikts (53,16) erwähnt sogar eine eigene Küche für Abt und Gäste.

Wermut (181–196)

Im Mittelalter galt der gemeine Beifuß (*Artemisia vulgaris* L.) als »Mutter der Kräuter« (*herbarum mater*; 182); ihm gleicht der Wermut (*Artemisia absinthium*) an biegsamem Gezweig

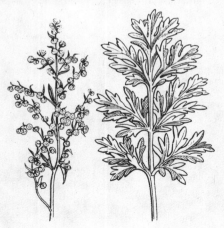

(182), unterscheidet sich aber durch Blattfarbe und bitteren Geschmack (183). Beide Pflanzen stammen aus Mitteleuropa; Wermut gehörte zu den Grundpflanzen der Hausgärten und befand sich auch vielfach in den Kräuterbüscheln, die von der katholischen Kirche am 15. August (Mariä Himmelfahrt) geweiht wurden und werden.

181 f. Anscheinend stehen in diesem Gartenteil höher wachsende (Stauden-)Gewächse (ausgenommen die Melone).
183 Der Wermut hat silbergraue Blätter, der Beifuß grüne.
184 ff. Die hier geschilderten Wirkungen kennt kein antiker Autor.
186 f. Gegen Kopfschmerz empfiehlt auch Hildegard von Bingen einen Wermutaufguss.

Andorn (197–207)

Der Andorn (*Marrubium vulgare L.*) wird von Plinius (Nat. Hist. 20,241–244) ausführlich behandelt, ist auch bei Quintus Serenus mehrfach erwähnt. Im Mittelalter war er eine hoch ge-

Anmerkungen

schätzte Pflanze; Hildegard von Bingen nennt ihn (neben Marrubium) zum ersten Mal Andorn. Albertus Magnus kennt die Pflanze ebenfalls und unterscheidet zwei Arten.

197 *nimiumque potentis:* Vgl. Quintus Serenus 298: *marrubium potens.*

201 *sumitur haustu:* Vgl. Ovid, Met. 7,450: *sumimus haustus.*

204 Stiefmütter galten oft als böswillig und gefährlich; vgl. Ovid, Met. 1,147: *lurida terribiles miscent aconita novercae.*

Fenchel (208–216)

In der Überschrift spricht Walahfrid von *foeniculum*, im Text gebraucht er die (griechische) Bezeichnung *maratron* (208). Der Fenchel (*Foeniculum vulgare Miller*) war in der Antike gut bekannt und wurde seit jeher als Heilmittel und Gewürz verwendet. Die Beschreibung der Pflanze (208f.) zeigt den bei Dol-

denblütern (Umbelliferen) häufig anzutreffenden Bau, bei dem sich aus kräftigem Spross die Zweige seitlich sparrig ausbreiten.

211 *locuntur:* vielleicht Verweis auf Plinius, Nat. Hist. 20,254: *oculorum ... aciem suco ... reficiendo.* Fenchel wurde als Heilmittel für die Augen im Altertum vielfach angewandt.

212 *foetae cum lacte capellae:* Vgl. Quintus Serenus 107: *fetae cum lacte capellae.* Milch einer Ziege, die neu geboren hat, galt als besonders bekömmlich. – Heute noch – wie auch bei Hildegard von Bingen – wird Fenchel gegen Blähungen verordnet, ebenso gegen Husten.

215 f. *liquori Lenaeo:* eigtl. (griech.) ›Kelter-Saft‹, dann ›bacchisch, zu Bacchus gehörend, Wein‹.

Schwertlilie (217–228)

Der Pflanzenname *gladiolus* (nach lat. *gladius* ›Schwert‹) begegnet im Mittelalter häufig, doch ist damit nicht unsere *Gladiolus communis* gemeint, sondern eine unserer Irisarten, die blaue Schwertlilie (*Iris germanica* L.; vgl. aber Barabino, 1975, S. 209, die *Iris Florentina* L. vorschlägt). Walahfrid sagt, dass die Pflanze purpurne Blüten trage, und vergleicht diese mit dem dunkel(blaue)n Veilchen (*viola nigella;* 220); der Vergleich passt durchaus, denn die Purpurfarbe der Antike umfasste das Spektrum von Rot bis Blauviolett. Weiterhin vergleicht Walahfrid unsere *Iris germanica* passend mit der antiken Hyazinthe (dem heutigen *Gladiolus*), denn auch die blaue Schwertlilie trägt – wie unsere heutige Gladiole – auf den drei unteren Blütenblättern je einen langen gelben Streifen (unsere heutige Traubenhyazinthe ist also nicht die antike Hyazinthe). Diese Streifen wurden von den Griechen als AI gelesen und als Klagelaut verstanden, denn im Mythos wurde der Jüngling Hyakinthos von Apollon und Zephyros geliebt. Beim Diskoswurf Apollons aber trieb Zephyros die Scheibe aus Eifersucht gegen das Haupt des Hyakinthos, der daraufhin starb. Apollon ließ aus dem Blut des Jünglings die nach diesem benannte Blume entspringen und auf dem Blumenblatt den Wehruf AI oder die

Anfangsbuchstaben (H)YA des Namens (H)YAkinthos wachsen. Walahfrid spielt auf den Mythos in den Versen 221–223 an, den er wohl aus Ovid, Met. 10,162f., 13,382ff., oder Plinius, Nat. Hist. 21,66, kennt.

Die Deutung der »Gladiola« Walahfrids als heutige Schwertlilie (*Iris germanica L.*) wird durch zwei weitere Angaben bestätigt: In den Versen 224–226 ist vom Gebrauch getrockneter (Lilien-)Wurzeln gegen Blasenleiden die Rede, und eben dies geschah früher und teilweise noch heute in der Volksmedizin mit den Rhizomen der Irisarten. Auch die Verse 227f. können sich nur auf Iriswurzeln beziehen. Walahfrid sagt, die Tuchwalker machten damit das Leinen steif und verliehen ihm angenehmen Geruch (nämlich nach Veilchen); man nannte bei uns die Iriswurzel deshalb auch Veilchenwurzel und vertrieb sie in Apotheken. Bis vor fünfzig Jahren bekamen auch zahnende Kinder Iriswurzeln (»Veilchenwurzeln«) zum Kauen.

220 Die Blüte der Schwertlilie »löst« im »Amt« des Blühens das im Frühjahr ebenfalls purpurfarbig blühende Veilchen ab.

Anmerkungen

Liebstöckel (229–234)

Das Wort Liebstöckel (*Levisticum officinale Koch*) findet sich zum ersten Mal bei Hildegard von Bingen als *lubestukel*, was eine Übernahme und Umbildung aus antikem *levisticum* (bei Walahfrid *lybisticum*) darstellt. *levisticum* ist vielleicht aus *ligusticum* entstanden; Isidor von Sevilla (Orig. 16,11,5) sagt: *Ligusticum a regione nomen accepit, nascitur enim … in Liguria.* Die Pflanze selbst besaß in der Antike keine Bedeutung und tritt erst zur Zeit Karls des Großen wirklich hervor.

230 *suadet amor:* Vgl. Ovid, Met. 8,90: *suasit amor.*
233 *quaesitis … curis:* Gemeint sind mehrere zu einer »Kur« zusammengesuchte und zusammengemischte Kräuter; vgl. Vers 204: *quaesita venena.*

Kerbel (235–247)

Im Grunde ist Erato die Muse der Lyrik und Liebesdichtung, doch schreibt Walahfrid ihr hier (235 f.) eher die Aufgabe der Historie zu, bittet sie aber, es nicht zu verschmähen, den bescheidenen Reichtum seiner »Gemüse« (hier besser: Gewürze) mit ihm zu besingen. Mit dieser Ausweitung des Bereichs der Muse folgt Walahfrid Vergil, Aen. 7,37: *Nunc age, ... Erato, quae tempora rerum, quis Latio antiquo fuerit status.* Beide Dichter leiten mit einem Binnenprooemium den zweiten Teil ihres Werkes ein (vgl. auch Haffter, 1981, S. 184), und auch

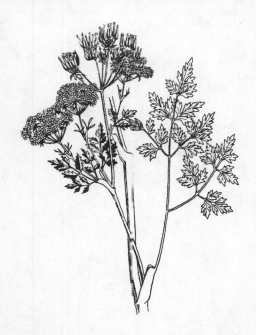

Anmerkungen

Walahfrid schreibt von hier an mit erhöhtem dichterischen Schwung. Zur historischen Muse passt auch, dass erst von hier an die Heilung von Wunden durch Kräuter besprochen wird (243, 355, 364 und 382; von Feindschaft ist dabei 355 und 364 die Rede). Auch der Horizont erweitert sich: Erst in der zweiten Werkhälfte finden sich zahlreiche geographische Namen. Fraglich ist allerdings, ob der Dichter den Musenanruf nur als literarisches Spiel auf rein metaphorischer Ebene auffasst und die Wahrheitskompetenz dem christlichen Gott vorbehält. Dann wären Erato oder Thalia nur sprachliche Indikatoren, die Textzäsuren anzeigen (vgl. Haye, 1997, S. 98 ff.). – Zu den »Gemüsen« rechnet Walahfrid *cer(e)folium* (heutige Bezeichnung: *Anthriscus cerefolium* L.), das in der Antike *chaerophyllum* oder *caerofolium* hieß (frz. *cerfeuil*, was bei uns zu Kerbel wurde). Der Kerbel war bereits in der Antike eine vielfach erwähnte Küchenpflanze. Weshalb Walahfrid die Kerbelpflanze als Mazedonierin bezeichnet, ist unklar, es sei denn, dass er von ihrer (vermutlichen) Herkunft aus Westasien wusste. Kerbel gehörte in die Klosterküche, fand sich in jedem Bauerngarten, war auch eine wichtige offizinelle Pflanze (heute noch in der Pflanzenheilkunde) und ist ein zartes Kraut von starkem, süßlichem Duft. Der Fruchtstand ist, wie Walahfrid sagt (240), doldenartig.

236 *sacro ... ore:* Vgl. Ovid, Fast. 6,386: *sacro ... ore.*
237 Selbstbewusstsein des Dichters. Walahfrid bittet Erato, »mit ihm« den Garten zu besorgen; er selbst ist sozusagen federführend, berichtigt sich aber dann, indem er von seiner »nüchternen Muse« (249) spricht.
243 Walahfrid spricht nicht von »rieselnden Bächlein des Blutes« (so die Ausgabe von Näf/Gabathuler, 1942), sondern von Blutwallungen im Körperinneren, die Stoffler (2000, S. 79) zu Recht erwähnt.

Lilie (248–261)

Als Zierpflanze erscheint die Lilie bereits in minoischer Zeit. In der Antike war sie eine weit verbreitete Gartenblume; man unterschied mehrere Lilien, während man im Mittelalter stets nur

eine Lilie (*lilium*) nennt, die auch Walahfrid besingt, die weiße Lilie (*Lilium candidum L.*). Die rote Feuerlilie ziert unsere Gärten erst seit dem 16. Jahrhundert. Die Lilie wurde im Altertum von Dichtern gepriesen; Plinius, Nat. Hist. 21,126f., spricht von ihren medizinischen Vorzügen und war vielleicht Quelle für Walahfrid im Rat zur Anwendung gegen Schlangenbisse.

Die weiße Farbe der Blume vergleicht der Dichter mit dem Schnee (250), den Duft mit dem der Wälder von Saba, einer im Altertum (und heute noch) weihrauchreichen Gegend des südlichen (glücklichen) Arabien (heute: Jemen); Saba ist bekannt durch den Besuch seiner Königin bei Salomo im Alten Testament (1. Kön. 10). Es folgen zwei weitere Vergleiche zu Farbe und Duft: Der berühmte weiße Statuen-Marmor (Lychnites) der Kykladeninsel Paros übertrifft die weiße Farbe der Lilie nicht; der Duft der Narde kommt ihr nicht gleich. Der Duft der Narde galt im Altertum als der feinste der gesamten Pflan-

Anmerkungen 63

zenwelt. – Im christlichen Zeichenschatz bildet die Lilie das Symbol für Reinheit und Tugend.

252 Die Insel Paros (Parus) im Ägäischen Meer war wegen ihres weißen Marmors berühmt; vgl. Vergil, Georg. 3,34: *Parii lapides*.
257 Falernische Flur (*ager Falernus*) hieß ein Gebiet in Campanien am Mons Massicus; der Falernerwein (*vinum Falernum*) war wegen seines Wohlgeschmackes berühmt.

Schlafmohn (262–274)

Der Schlafmohn (*Papaver somniferum*) ist eine der ältesten Kulturpflanzen (und als solche schon in Ägypten und in minoischer Zeit belegt). Walahfrid erwähnt sogleich seine beruhigende Wir-

kung (264 f.). Proserpina (Persephone), Tochter von Ceres (Demeter) und Zeus, wurde beim Spiel von Pluton (Hades), der aus der Erdtiefe auftauchte, geraubt und in die Unterwelt als Braut entführt. Ceres irrte auf der Suche nach ihrer Tochter in der Welt umher und soll Mohn gegessen haben, um ihr Leid zu vergessen (vgl. Ovid, Fast. 4,531). Walahfrid erwähnt die Sage (262 ff.), verwechselt aber dabei Ceres mit Latona; bemerkenswert ist dabei, dass der Dichter voraussetzt, dass ein Leser die Anspielung auf den Mythos ohne weiteres versteht. Die Verwechslung von Ceres mit Latona könnte übrigens auf den Aspekt Latonas als Muttergöttin zurückgehen. Eine andere, einleuchtende Vermutung ist, dass der Mohn bei Vergil, Georg. 4,545, *Lethaeum papaver* (»Vergessenheit bringend«, wie der Lethe-Strom der Unterwelt) genannt wird und Walahfrid an *Letoius* (›zu Leto, Latona gehörig‹) dachte (vgl. Stoffler 2000, S. 86, Anm. 216).

Die Beschreibung der Frucht (269 f.) erklärt Sierp (1925, S. 765): Die Knospe des Mohnes hängt zunächst an einem weichen Stiel nach unten; kurz vor dem Aufblühen erhebt sich der Stiel aufrecht, so dass er die Blüte und später die Frucht an der Spitze trägt. Die Frucht, sagt Walahfrid, schließe unter den weit ausgebreiteten Falten einer einzigen Haut viele Samen von gepriesener Kraft ein; man würde heute sagen: Der Fruchtknoten ist einfächerig, aber dadurch, dass die vielen Fruchtblätter, die ihn aufbauen, tief in das Innere faltenförmig vordringen, mehrkammerig geworden.

262 *Cereale ... papaver*: nach Vergil, Georg. 1,212: *Cereale papaver*; ebenso Columella 10,314. – *nugae* bedeutet »poetische Kleinigkeiten«, die aber aufs Feinste geformt und ausgearbeitet sind, also mehr als »leichte Gedichtchen«.
265 *vorasse*: starker Ausdruck; die trauernde Mutter »schlang« den Mohn hinab, um ihren starken Schmerz zu lindern.
266 f. *ab imo pectore*: nach Vergil, Aen. 1,485: *gemitum dat pectore ab imo*.
268 *videtur*: »Sieht man«, dass Mohn Geschwüre heilt? Besser sagt man wohl, das Geschwür scheine gehemmt, in seiner Wirkung unterdrückt zu werden. Walahfrid ist sich dieser Wirkung des Mohnes hier nicht sicher.

Anmerkungen

269 ff. Anders als sonst folgt hier die Beschreibung der Pflanze auf die Darstellung ihrer Wirkungen.
271 f. Walahfrid vergleicht die samenreiche Mohnkapsel mit dem Granatapfel (*malum Punicum*). Er mag den Granatapfel aus eigener Anschauung gekannt haben, doch gibt es keinen weiteren Hinweis darauf, dass diese Pflanze damals auf der Reichenau angepflanzt wurde.
274 Der Dichter sagt, *papaver* heiße nach dem Ess- oder Schmatz-Laut Papp (*sono mandentis*).

Muskatellersalbei (und Frauenminze; 275–283)

Die beiden hier besprochenen Pflanzen sind nicht mit Sicherheit zu bestimmen. Der Name *sclarega* wird in der Antike nicht, in Pflanzenverzeichnissen des Mittelalters jedoch häufig

erwähnt (u. a. im *Capitulare de villis* 70; bei Hildegard von Bingen und Albertus Magnus), doch ist unklar, ob stets dieselbe Pflanze gemeint ist. Wahrscheinlich handelt es sich bei Walahfrids *sclarega* um eine *salvia*-Art, den Muskatellersalbei (*Salvia Sclarea L.*), von dem der Dichter sagt, er sei bisher den Händen der Ärzte entgangen, besitze aber heilende Kräfte und gebe einen duftenden Trank. In der Tat setzte man früher die Pflanze dem Wein bei, um ihm einen Muskatellergeschmack zu geben.

Costus (281 ff.) wird in allen alten Pflanzenverzeichnissen erwähnt; gemeint war ursprünglich ein indisches Gewürz (*Costus speciosus Smith*), das hier aber nicht auftreten kann. Doch nennt Walahfrid einen Ersatz dafür, seinen Garten-*costus* (*Costus hortensis*), der auf der Reichenau im Garten wachsen konnte. Vermutlich handelt es sich dabei um die Frauenminze (*Tanacetum Balsamita L.*), die heute noch unter dem Namen Kostus in Griechenland als Gewürzpflanze Verwendung findet. Vgl. aber die Ausführungen bei Stoffler (2000, S. 89f.).

279 Wenn Muskatellersalbei dem *süßen* heißen Wasser beizugeben ist, geht daraus hervor, dass Walahfrid nicht an Badewasser, sondern ein Getränk denkt.

Minze (284–299)

Minzen (griech. *minthe*; lat. *mentha*) sind Lippenblüter, stark aromatische Stauden mit violetten oder rötlichen Blütenquirlen; es gibt sehr viele verschiedene Arten, wie auch Walahfrid betont (285, 295 ff.). Ihr Gebrauch als Heilpflanzen (zum Teil auch als Gewürze) geht weit ins Altertum zurück und war weithin verbreitet, doch ist kaum zu sagen, welche Art jeweils benützt wurde. Auch Walahfrid nennt zwei Minzenarten. Die eine (286–289) beseitigt Heiserkeit, und so könnte die von Hildegard von Bingen gegen Lungenerkrankungen eingesetzte *Mentha aquatica L.* gemeint sein. Von der zweiten Minze (290–294) sagt der Dichter, sie sei saftig und strauchartig, verbreite Schatten und strecke von kräftigem Stängel große Blätter

aus wie der Zwergholunder (Attich; *Sambucus Ebulus L.*), doch genügt dies nicht zur Bestimmung der Pflanze. Vielleicht ist die von Hildegard von Bingen *mintza maior* genannte und im Mittelalter geschätzte Krauseminze (*Mentha crispa L.*) gemeint (?); jedenfalls darf man nicht an die heute so bekannte Pfefferminze (*Mentha piperita L.*) denken, die erst gegen Ende des 17. Jahrhunderts in England erkreuzt wurde. Die Minze wird im lateinischen Schrifttum nicht selten genannt; praktischen Gebrauch als duftenden Tischbesen erwähnt Ovid, Met. 8,611 ff., eine Verwandlungssage ebenfalls Ovid, Met. 10,727. Ausführlich würdigt sie Plinius, Nat. Hist. 20,147 f., mit dem Walahfrid im Hinweis auf ihren Geruch (294) und ihren Nutzen gegen Heiserkeit (286; vgl. Plinius, Nat. Hist. 20,249) übereinstimmt. – Stoffler (2000, S. 93) setzt die an zweiter Stelle (290 ff.) genannte Minzenart mit dem Baldrian gleich.

287 *raucisonam:* Das Adjektiv gehört zur lautmalenden Dichtersprache; vgl. Catull 64,263: *raucisonos efflabant cornua*

68 Anmerkungen

bombos, und Lukrez 5,1083 f. – Auch Plinius, Nat. Hist. 20,147, empfiehlt den Saft gegen Heiserkeit.

295 f. Vgl. Vergil, Georg. 2,103 ff.: *sed neque quam multae species ...; quem qui scire velit, Libyci velit aequoris idem discere, quam multae ... arenae.*

297 ff. Die Aufzählung der Unmöglichkeiten (Adynata) ist ein rhetorisches Mittel und dient der Untermalung der vielfachen Kräfte und Arten der Minze.

298 Mulciber (»Schmelzer«) war Beiname Vulcans, der auf der Ägäis-Insel Lemnos lebte und seine Werkstätte im Ätna hatte.

Poleiminze (300–326)

Die Poleiminze ist ebenfalls eine Minzenart (*Mentha pulegium* L.) und von den übrigen Arten unterschieden. Sie war eines der bekanntesten Kräuter und genoss in Altertum, Mittelalter und

früher Neuzeit hohes Ansehen, das sich bis zum deutschen Volkslied fortpflanzte (vgl. Stoffler, 2000, S. 97).

300 ff. ist nach Vergil, Georg. 2,109 ff. gestaltet.
303 f. Zur Wertschätzung der Poleiminze vgl. Isidor, Etym. 17,9,59: *Puleium apud Indos pipere pretiosius est.* – Zum so genannten Indien-Topos vgl. Curtius (1954), S. 169.
306 *quam* wird übereinstimmend auf *herba* (305) bezogen; eine Übersetzung als Vergleichspartikel (*plures ... quam*) scheint weniger passend.
309–316 Walahfrid könnte hier eine stoische Vorlage über göttliche Vorsehung (Pronoia, z. B. Cicero, De nat. deor. 2,98 ff.) und Völkergemeinschaft ausführen.
312 *tecum:* etwa »hier bei dir«; es ist auch nicht besser, *vilissima rerum* (nach Horaz, Sat. 1,5,88) zu lesen, da dann Neutrum (»das Billigste«) neben Femininum (»unter den Dingen«) steht.
317 f. Die Verse 317 f. sind fast wörtlich der Heilkunde des Quintus Serenus entnommen (*Liber medicinalis* 313 f.): *puleium quoque decoctum curabit amice. Et potu et fotu stomacho conducit acetum.* – Ob Dümmlers Interpunktion (*[...], amice, [...]*) in Walahfrids Vers 317 wirklich dessen Intention trifft, ist fraglich; vgl. allerdings Önnerfors (1972), S. 65 f. – Empfohlen wird die Pflanze gegen Magenübel auch von Plinius, Nat. Hist. 20,153, und von Dioskurides 3,31,1.
320 Ursprünglich wurde mit *cothurnus* (Schuh des tragischen Schauspielers) metonymisch auf Tragödiendichtung hingewiesen (z. B. Vergil, Ecl. 8,10); später erstreckte sich die Bedeutung auf Dichtung allgemein (z. B. Venantius Fortunatus, Carm. 9,7,34).
321 *fas ususque sinit:* nach Vergil, Georg. 1,269: *fas et iura sinunt.* – Den Rat, Poleiminze gegen Kopfschmerz über das Ohr zu stecken, übernimmt Walahfrid aus der Überlieferung, wie er selbst betont (320: *audita*); damit deutet er auf Quintus Serenus, der dieselbe Vorschrift gibt (*Liber medicinalis* 15: *puleiumque potens una super aure locabis*) und vielleicht auf Plinius fußt (Nat. Hist. 20,152: *e puleio surculos impositos auribus*). Einen alten Kranz aus Polei (wohl von einem Gastmahl)

erwähnt der römische Epigrammdichter Martial im Hausrat eines Bettlers (12,32,19).

323 *in aerio ... aperto:* Vgl. Quintus Serenus, *Liber medicinalis* 22: *si nocuit cerebro violentia solis aperto* (hier bedeutet *aperto* »mit unbedecktem Haupt«).

324 Die Muse Thalia wird allgemein als Muse der komischen Bühne verstanden, doch tritt sie hier (wie Erato in Vers 237) als Muse jeder Dichtungsart auf. – Zu Schifffahrts-Metaphern für Dichtung vgl. Vergil, Georg. 4,117.

325 *portus intrare:* Vgl. Vergil, Aen. 3,254: *portusque intrare licebit.*

326 *decerpere flores:* Vgl. Ovid, Rem. am. 103: *Veneris decerpere flores.*

Sellerie (327–336)

Sellerie (*Apium graveolens* L.) ist an sich ein Küchengewächs, doch dient er – wie bei Walahfrid – auch zu medizinischen Zwecken. Sellerie wurde bereits in Ägypten und in Griechen-

Anmerkungen

land angebaut; die Stadt Selinunt in Sizilien ist nach ihm benannt. Auch bei den Römern war Sellerie sehr beliebt. Die Pflanze ist auch sowohl im *Capitulare de villis* (70) wie im karolingischen Gartenplan von St. Gallen erwähnt.

334 Zum Magen als König des Leibes vgl. Quintus Serenus 300: *Qui stomachum regem totius corporis esse contendunt, vera niti ratione videntur* – »wer den Magen König des Leibes nennt, scheint richtig zu urteilen«. Zur Bedeutung des Bauches vgl. auch Plinius, Nat. Hist. 26,43.

336 *medellae:* Eine mögliche Lesung wäre *celeri ... medella*; vgl. die Ausgabe von Näf/Gabathuler (1942): »vom sicheren Mittel besiegt«.

Betonie (337–358)

Die Betonie (*Betonica officinalis L.*) wuchs einst wie heute wild und in Gärten, galt den Ägyptern als heilig und wird in vielen alten Pflanzenverzeichnissen angeführt, und zwar besonders als

Heilpflanze. Nach Plinius, Nat. Hist. 25,151, beschützt sie das Haus. Sie war auch in Rom eine wichtige Heilpflanze. Später diente sie außerdem zu magischen Zwecken, von denen aber Walahfrid nichts berichtet, mag er sie vielleicht auch gekannt haben.

349 Die »Gaben« (*dona*) sind die Gaben des Bacchus, also Weine.
350 *omnia <dona> sufficiet*; der im Folgenden beschriebene Heiltrank ersetzt (*sufficiet*) Most oder Wein als Getränk.
355 Nach der inneren Medizin kommt nun die äußere Anwendung; vgl. 364, wo ähnlich verfahren wird. Die Verwendung als Wundarznei mag auf dem Gerbstoff der Betonie beruhen, der die Narbenbildung fördert.

Odermennig (359–368)

Weit verbreitet, besonders in der freien Natur, ist der Odermennig (*Agrimonia eupatoria* L.), den Walahfrid erst *agrimonia*, in Vers 359 aber *sarcocola* nennt, eine Bezeichnung, die das

Anmerkungen

Mittelalter sonst nicht kennt. Die Bezeichnung stammt aus Dioskurides (*Materia medica* 2,208), doch kann die damit gemeinte Pflanze nicht bestimmt werden.

364 *calybs:* Die Chalyber waren ein Volk im skythischen Pontus, das für seine Stahlerzeugung berühmt war.

Ambrosia (369–374)

Walahfrid sagt, man zweifle, ob die hier besprochene Pflanze die Unsterblichkeit verleihende Götterspeise Ambrosia der Antike sei. Er selbst beschreibt sie nicht einmal, so dass sie nicht bestimmt werden kann; vermutlich ist es ein so genannter Körbchenblüter (Komposite). Bei Walahfrid ist Ambrosia noch einmal mit anderen Blumen genannt (Carm. 8,31: Ambrosien, Rose, Lilie, Lavendel, Safran). Stoffler (2000, S. 110) zieht Rainfarn, Schafgarbe, Traubenkraut zur Identifikation der Pflanze in Erwägung.

370 Schon Plinius, Nat. Hist. 27,28, erwähnt die Unklarheit der Bezeichnung für die Pflanze (*ambrosia vagi nominis*).
373 Vielleicht weist Walahfrid auf die heute wohl bekannte blutstillende Wirkung von *Ambrosia maritima L.* hin.
374 Subjekt zu *ingesserit* ist <*ambrosia*>.

Katzenminze (375–386)

Die Katzenminze (*Nepeta montana* oder *Nepeta cataria L.*), ein Lippenblütler, war eine früher häufig gebrauchte Heilpflanze; sie hat – wie die Brennnessel – gestielte herzförmige Blätter und sendet aus der oben an der Spitze der Pflanze befindlichen Blütentraube angenehmen Duft. Walahfrid rät, aus dem Saft, gemischt mit Rosenöl, eine Wundsalbe und ein den Haarwuchs förderndes Mittel herzustellen. Heute ist die Katzenminze wegen ihrer schönen blauen Blüten oft als Gartenpflanze zu sehen; eine Verwendung als Heilmittel ist kaum noch nachweisbar.

Anmerkungen

376 *non segnior exit:* Vgl. Vergil, Aen. 4,149: *haud illo segnior ibat Aeneas.*

386 *taboque peresos:* Vgl. Iuvencus, Evang. 1,441: *languoris tabe peresos.*

Rettich (387–391)

Der bekannte Rettich (*Raphanus sativus L.*), der Asien oder der Mittelmeergegend entstammt, wird für seine kräftige Wurzel und die Fülle der Blätter gelobt; gegessen oder in Form eines Trankes aus den geriebenen Samen genossen, hilft er gegen Husten. – Schon mindestens seit der Antike ist der Rettich – mit Salz – ein Volksnahrungsmittel; er ist auch im *Capitulare de villis* genannt.

389 Zur bitteren Schärfe des Rettichs vgl. Plinius, Nat. Hist. 19,78.

391 Das Rezept kennt schon Quintus Serenus (292 ff.).

Anmerkungen

Rose (392–428)

392 ff. ist nach Vergil, Georg. 4,116 ff. gestaltet. – Gliederung: Einleitung (392–395); Lob der Rose (396–401); Rosenöl (402–404); die Lilie (405–409); religiöser Vergleich: Lilie – Unschuld (410–414); Lilie und Rose als Sinnbilder der Kirche (415–422); Christus als Retter der Menschen; seine Beziehung zu Lilie und Rose (423–428). – Da in Vers 388 vom »letzten Beet« gesprochen ist, scheint die Rose nicht mehr zum eigentlichen Garten zu gehören. Walahfrid verlässt nämlich nun fast das Genus des Lehrgedichtes und trägt eine Erklärung des Symbolgehaltes von Rose und Lilie vor. Bisher trug das Gedicht eher weltliche Züge, war auch gelegentlich mit antiker Mythologie geschmückt; nun aber wird der Garten-Raum geradezu geheiligt, und es werden Rose und Lilie nebeneinander gestellt als Pflanzen, die die höchsten Preise der Kirche versinnbildlichen, Martyrium und Glauben. Die Gottesmutter Maria

soll beide Blumen pflücken (sich zu Eigen machen), denn ihr Sohn, Christus, hat Lilien und Rosen durch Leben und Leiden geheiligt. Allerdings gehen von Vers 419 an Maria und Ecclesia (Christi), die »Braut nach des Bräutigams Namen« (nach Eph. 5,22 ff.), ineinander über, bilden eine untrennbare Einheit (besonders in den Versen 419–424).

Die Rose wurde schon im Altertum hoch geschätzt (Vergil, Georg. 4,119 f., nennt sie vor allen Gartenpflanzen; Plinius, Nat. Hist. 21,14 ff., betont ihre Heilwirkung), galt den Dichtern als Symbol für Schönheit, Unschuld, Reinheit und wurde auch damals schon neben die Lilie gestellt. Besonders wirkte die Stelle in Vergils *Aeneis* (12,68 f.): *mixta rubens ubi lilia multa alba rosa, talis virgo dabat ore colores* – »wie wenn weiße Lilien sich mit roten Rosen mischen, so leuchteten die Farben im Antlitz der Jungfrau«; vgl. auch Ovid, Am. 2,5,34 ff.

Das Christentum lehnte zuerst die Rose wegen ihrer weltlichen Bedeutung in der Antike ab (vgl. Tertullian, *De corona* 2), doch verlieh es ihr bald mystische Züge und machte sie zu einem wichtigen Symbol der Kirche. Hier verkörpert die Rose die Scham neben der Lilie, die für Reinheit steht, wobei die Lilie den Jungfrauen zugeordnet wird, die Rose besonders auch den Märtyrern. Auch Walahfrids Vorbild Venantius Fortunatus hatte Lilie und Rose gerne behandelt; vgl. Sedulius Scotus, *De rosae liliique certamine*. Walahfrid wollte mit dem Preis der beiden Blumen auch einen religiös wirkungsvollen Abschluss seiner Gartenpoesie bewirken.

Zwar legt Walahfrid besonders auf die symbolische Bedeutung der Rose Wert, doch erwähnt er auch den therapeutischen Nutzen des Rosenöls (402 ff.), der allerdings nur einen Bruchteil der Verwendungen darstellt, die die hoch geschätzte Rose in der Antike erfuhr. An einigen Stellen folgt der Dichter der ausführlichsten Behandlung der Rose in der Antike bei Plinius, Nat. Hist. 21,14–21; dies gilt besonders für die Farbe der Rose (398, nach Nat. Hist. 21,14) und das Rosenöl (402 f., nach Nat. Hist. 21,15).

Anmerkungen

392 *indupediret:* archaisierende Form; vgl. Lukrez 1,240. – Walahfrid will vielleicht sagen, er müsste eigentlich für die Rose ein eigenes Gedicht schreiben, in dem er sie ausführlich mit Gold und Edelstein vergleicht (?).

394f. Die Metapher, bei der die Rose mit Gold und Edelsteinen geschmückt wird, bedeutet, dass Walahfrid ein besonderes, »glänzendes und herrliches« Preisgedicht auf die Rose verfassen sollte.

395 Der Fluss Pactolus in Lydien (heute: Sart Cayi) war wegen seines goldführenden Sandes bekannt; nach der Überlieferung hatte sich Midas darin gewaschen, um sich von der Eigenschaft zu befreien, dass alles Gold wurde, was er berührte (vgl. Ovid, Met. 11,100 ff.). – Es gab Edelsteine in Arabien, die elfenbeinähnlich aussahen.

396 *Tyrio ... ostro:* Die Stadt Tyros in Phönizien war für ihren Purpur berühmt; vgl. Vergil, Georg. 3,17: *Tyrio conspectus in ostro.* – Da Deutschland und Frankreich Purpur nicht besitzen, ersetzt die Rose diesen fehlenden Schmuck; dies ist die erste ihrer schönen Eigenschaften.

397 *ardenti ... murice:* Vgl. Vergil, Aen. 4,262: *Tyrioque ardebat murice laena.*

398 *lutea purpurei:* Walahfrid folgt hier Plinius, Nat. Hist. 21,14: *rubescens ... sese pandit in calices, medio sui stantes complexa luteos apices.* Allerdings scheinen die beiden Adjektive hier nicht viel mehr als »purpurrot« zu bedeuten (?).

401 *dicitur* ist Hinweis auf eine (unbekannte) Quelle, der Walahfrid folgt.

402 *hic* bedeutet eigentlich ›hier‹, doch ist hier *hic* <*flos*> (mit kurzem i) aufzufassen; vgl. *huic* in Vers 405. – Rosenöl (*rosaceum*) wurde und wird aus zerquetschten Rosenblättern gewonnen. – *de nomine dictum:* Vgl. Vergil, Aen. 9,387: *Albae de nomine dicti Albani.*

405 *opponunt:* Die Lilien stehen den Rosen gegenüber und wetteifern mit diesen. – Rosen und Lilien finden sich verbunden bereits bei Vergil, Aen. 12,68f.: *mixta rubent ubi lilia multa alba rosa.* Vgl. Plinius, Nat. Hist. 21,22: Die Lilie stehe der Rose an Hoheit sehr nahe, und ihr Öl weise eine gewisse Verwandtschaft auf.

Anmerkungen

407 ff. Hier liegt ein symbolischer Vergleich vor: So wie beim Quetschen der Frucht sogleich der Lilienduft verschwindet, so duftet die (jungfräuliche) Unschuld in ihrer Blüte nur so lange, wie sie nicht von verbotener Liebe geknickt wird; geschieht dies aber, verliert sie ihren Duft.

417 f. Das Paar Rose – Lilie prägt auch die folgenden Verse (422: *rosas ... lilia*; 425 f.: *lilia ... rosas*), ebenso wie das dazugehörige Paar Martyrium bzw. Krieg – Glauben bzw. Frieden (417 bzw. 418 – 422 bzw. 426). Die Zusammenstellung von Rosen und Lilien, wobei Rosen das Martyrium bedeuten und Lilien den Glauben, begegnet bei christlichen Schriftstellern nicht selten; vgl. z. B. Cyprianus, Epist. 1,8: *floribus eius (= ecclesiae) nec lilia nec rosae desunt ... Accipiant coronas vel de opere candidas vel de passione purpureas*. – Auch auf Vergil wird angespielt: In Aen. 12,68 ff. heißt es, die Röte im Antlitz der Braut Lavinia erinnere an Lilien und Rosen.

419 *mater virgo* und Ecclesia sind hier stark einander angenähert. – Mit *fecundo germine* sind wohl die Angehörigen der Kirche, die Gemeinde(n), gemeint.

420 ff. Hier besonders gehen Maria und Ecclesia ineinander über. Die Kirche ist (als Ecclesia Christi) »Braut nach des Bräutigams Namen«. – Übrigens passen weder die Folge *virgo fide* noch die Fügung *virga fide* (wie man gelegentlich liest) in den Vers.

421 Der Hinweis auf Maria ist auch deshalb passend, weil das Reichenauer Kloster der »Heiligen Maria, immer Jungfrau« (*Sanctae Mariae semper virgini*) geweiht war. Walahfrid preist in seinem Gedicht auf die Reichenau (Carm. 75) die Insel, *qua dei matris colitur patenter / cultus, ut laeti merito sonemus: / Insula felix* – »Wo die Gottesmutter weithin verehrt wird, so dass wir froh und treffend singen: Selige Insel«. – *domus, regina*: Walahfrid stellt zwei getrennte Epitheta Mariens nebeneinander; *domus* ›Haus‹ wird Maria genannt als Mutter Christi und so auch in liturgischen Texten als »goldenes Haus« (*domus aurea*) angerufen. Hier ist wohl das »Haus« der Kirche mitgemeint.

422 *bello*: Gemeint ist der Kampf gegen Schlechtigkeit und Unglauben, besonders das Martyrium. – *pace*: Der Glaube verwirklicht sich besonders im Frieden.

423 Vgl. Jes. 11,1: *Et egredietur virga de radice Iesse et flos de radice eius ascendet.*

424 *antiquae ... stirpis:* nach Vergil, Aen. 1,626: *antiqua Teucrorum ab stirpe.* – Zu *auctor* bemerkt H. Fuchs in der Ausgabe von Näf/Gabathuler (1942, S. 138), vielleicht leiste Christus für das von ihm erneuerte Menschengeschlecht »Gewähr«. Ob hier aber wirklich an »Bürge« zu denken ist? Viel eher wird man an »(Neu-)Gründer« oder »Retter«, »Erlöser« (*auctor salutis*) denken.

425 Ebenso schwer zu übersetzen ist *dicavit,* das etwa ›ausdrücken‹ bedeutet.

426 f. Christus hinterließ seinen Jüngern, den Mitgliedern der Kirche, ein Leben im Frieden des Glaubens, aber auch (Glaubens-)Kämpfe im Martyrium. In seinem Vorbild vereinte er beide tugendreichen Tätigkeiten und setzte beiden Siegen ewige Belohnungen aus. Zur Vorstellung, dass die Märtyrer nach der Rosenkrone des Leidens auch den weißen Lilienkranz des Friedens erhalten, vgl. Augustinus, Serm. 209,1 M: *qui coronam in persecutione purpuream pro passione donavit, ipse in pace viventibus pro iustitiae meritis dabit et candidam* – »Er, der bei der Verfolgung den Purpurkranz für das Martyrium verlieh, wird den im Frieden Lebenden für ihre Verdienste um die Gerechtigkeit auch den weißen Lilienkranz geben«.

Dedicatio (429–444)

Zueignung des Büchleins

Die Dedikation ist im frühen Mittelalter eine Form der Publikation. Der Autor übersendet die Reinschrift seines Werkes einer Persönlichkeit, von der er Verständnis erwartet. Oft äußert er sich auch über den Anlass seiner Schrift. Dann aber hängt es sehr vom Adressaten ab, ob das Werk durch weitere Abschriften verbreitet wird oder für Jahrhunderte unbeachtet liegen bleibt (wie es dem Gartengedicht Walahfrids erging).

Anmerkungen

429 ff. ist nach Vergil, Georg. 4,559 ff. gestaltet. – Der Ton der folgenden Verse spricht eher für ein Schüler-Lehrer-Verhältnis als für die Beziehung zweier Äbte.

430 Die Bezeichnung *pater* bezeichnet kirchenrechtlich den Abt oder wenigstens den ältesten Mönch eines Klosters mit hoher Autorität.

431 *pectore devoto:* Vgl. Iuvencus, Evang. 1,610: *devoti pectoris*.

432 ff. Das hübsche Schluss-Bild zeigt eine weitere, heitere Seite des Gartens, etwa als Pausen- oder Spielort der Klosterschulkinder; gemeint ist hier aber der Obstgarten. – *consederis* ist so viel wie *sedebis*.

434 *tenera lanugine poma:* Vgl. Vergil, Ecl. 2,51: *tenera lanugine mala*.

437 *volis:* von *vola* ›die hohle Hand‹; vgl. Prudentius, Apoth. 860. Die geräumigen Hände gehören Grimald, die *palmae* seinen kleinen Schülern. Diese mühen sich, die großen Früchte in Grimalds breite Hände zu drücken. Die Verse 437 f. sollen auch die Fruchtfülle des Gartens – eine weitere Seite – veranschaulichen.

439 *Quo ... habeas:* Die Früchte sollen Grimald an Walahfrids Arbeit (Werk, »Bemühen«) über den Gartenbau erinnern.

440 *relegis:* Grimald soll das Werk (nach der ersten Lektüre noch einmal gründlich) durchlesen.

441 *seces:* Grimald soll wie ein Arzt Fehlerhaftes wegschneiden. – *deposco:* Walahfrid bittet dringend um Grimals Kritik.

442 *virentem:* Walahfrid wählt bewusst eine Metapher, die zum Garten passt.

443 *palmam:* Grimald soll die Palme ewigen Lebens erlangen, so wie die Kirche die höchsten Palmen errang (416).

Literaturhinweise

Barabino, Giuseppina: Le fonti classiche dell'*Hortulus* di Valafrido Strabone. In: I Classici nel Medioevo e nell'Umanesimo. Genua 1975. S. 175–260.

Berschin, Walter: Eremus und Insula. St. Gallen und die Reichenau im Mittelalter – Modell einer lateinischen Literaturlandschaft. Wiesbaden 1987.

– Augia felix. Walahfrid Strabo und die Reichenau. Marbach a. N. 2000. (Spuren. 49.)

Bezold, Friedrich von: Kaiserin Judith und ihr Dichter. In: Historische Zeitschrift 130 (1924) S. 377–398.

Borst, Arno: Mönche am Bodensee. 610–1525. Sigmaringen 1978.

Brunhölzl, Franz: Geschichte der lateinischen Literatur des Mittelalters. Bd. 1: Von Cassiodor bis zum Ausklang der karolingischen Erneuerung. München 1975.

Burck, Erich: Der korykische Greis in Vergils *Georgica* (IV 116–148). In: Navicula Chiloniensis. [Festschrift für Felix Jakoby.] Leiden 1956. S. 156–172.

Carroll-Spillecke, Maureen: Der Garten von der Antike bis zum Mittelalter. Mainz 1992. ²1995.

Collins, S. T.: Notes sur quelques vers de Walafrid Strabon. In: Revue Bénédictine 58 (1948) S. 148–149.

Curtius, Ernst Robert: Europäische Literatur und lateinisches Mittelalter. 2., durchges. Aufl. Bern 1954.

Dochnahl, Friedrich Jacob: Bibliotheca Hortensis. Vollständige Garten-Bibliothek oder Alphabetisches Verzeichnis aller Bücher, welche über Gärtnerei [...] von 1750 bis 1860 in Deutschland erschienen sind [...]. Nürnberg 1861. Reprogr. Nachdr. Hildesheim 1970.

Duft, Johannes: Notker der Arzt. St. Gallen 1972.

Effe, Bernd: Zur Rezeption von Vergils Lehrdichtung in der karolingischen »Renaissance« und im französischen Klassizismus. Walahfrid Strabo und René Rapin. In: Antike und Abendland 21 (1975) S. 140–163.

Egelhaaf-Gaiser, Ulrike: Garten. In: Der Neue Pauly. Enzyklopädie der Antike. Hrsg. von Hubert Cancik und Helmuth Schneider. Bd. 4. Stuttgart [u. a.] 1998. S. 786–793.

Erdmann, Wolfgang: Die Reichenau im Bodensee. Geschichte und Kunst. 10., neu bearb. und erw. Aufl. Königstein i. Ts. 1993.

Erich, Oswald A. / Beitl, Richard: Wörterbuch der deutschen Volkskunde. 3. Aufl., neu bearb. von Richard Beitl unter Mitarb. von Klaus Beitl. Stuttgart 1974.

Fischer, Hermann: Mittelalterliche Pflanzenkunde. München 1929. Nachdruck Hildesheim 1967.

Fischer, Eugen: Heilpflanzen. Bern [o. J.].

Fischer-Benzon, Rudolf von: Altdeutsche Gartenflora. Untersuchungen über die Nutzpflanzen des deutschen Mittelalters, ihre Wanderung und ihre Vorgeschichte im klassischen Altertum. Kiel 1894. Unveränd. Neudr. Walluf 1972.

Franz, Günther (Hrsg.): Geschichte des deutschen Gartenbaues. Stuttgart 1984.

Fuhrmann, Manfred: Der europäische Bildungskanon des bürgerlichen Zeitalters. Frankfurt a. M. 1999.

– Latein und Europa. Wesen und Wandel des gelehrten Unterrichts in Deutschland. Köln 2001.

Genewein, Curt: Des Walahfrid Strabo von der Reichenau *Hortulus* und seine Pflanzen. Diss. München 1947.

Gothein, Marie Luise: Geschichte der Gartenkunst. 2 Bde. Jena 1926. Reprogr. Nachdr. Hildesheim 1988.

Gröber, Gustav: Übersicht über die Lateinische Literatur von der Mitte des VI. Jahrhunderts bis zur Mitte des XIV. Jahrhunderts. In: Grundriß der Romanischen Philologie. Bd. II,1. Straßburg 1904.

Haffter, Heinz: Walahfrid Strabo und Vergil. In: H. H.: Et in Arcadia ego. Essays, Feuilletons, Gedenkworte. Baden (Schweiz) 1981. S. 182–189.

Halbach, Kurt Herbert: Epik des Mittelalters. In: Deutsche Philologie im Aufriss. Unter Mitarb. zahlreicher Fachgelehrter hrsg. von Wolfgang Stammler. Bd. 1. 2., überarb. Aufl. Berlin 1957. S. 395–683.

Hauck, Karl: Mittellateinische Literatur. In: Deutsche Philologie im Aufriss. Unter Mitarb. zahlreicher Fachgelehrter hrsg. von Wolfgang Stammler. Bd. 2. Nachdr. der 2., überarb. Aufl. Berlin 1966. S. 2555–2624.

Haye, Thomas: Das Lateinische Lehrgedicht im Mittelalter. Analyse einer Gattung. Leiden 1997.

Heinze, Richard: Das Kräuterkäsegericht (Moretum). In: Die Antike 15 (1939) S. 76–88.

Hennebo, Dieter: Gärten des Mittelalters. Hamburg 1962. – Neu hrsg. und mit einem Nachw. und einem erw. Anh. vers. sowie um zahlr. Abb. erw. von Norbert Ott unter Mitarb. von Dorothee Nehring. München/Zürich 1987.
Herding, Otto: Zum Problem des Karolingischen »Humanismus« mit besonderer Rücksicht auf Walahfrid Strabo. In: Studium Generale 1 (1948) S. 389–397.
Langosch, Karl: Walahfrid Strabo. In: Die deutsche Literatur des Mittelalters. Verfasserlexikon. Hrsg. von Wolfgang Stammler und [ab Bd. 4] Karl Langosch. Bd. 4. Berlin [u. a.] 1953. S. 235–251.
– Lateinisches Mittelalter. Einleitung in Sprache und Literatur. Darmstadt 1963.
– (Hrsg.): Lyrische Anthologie des lateinischen Mittelalters. Darmstadt 1968.
– Mittellatein und Europa. Einführung in die Hauptliteratur des Mittelalters. Darmstadt 1990.
Manitius, Max: Geschichte der lateinischen Literatur des Mittelalters. Bd. 1. München 1911. Nachdr. Ebd. 1959.
Mayer-Tasch, P. Cornelius / Mayerhofer, Bernd: Hinter Mauern ein Paradies. Der mittelalterliche Garten. Frankfurt a. M. [u. a.] 1998.
Mittellateinisches Wörterbuch bis zum ausgehenden 13. Jahrhundert. Hrsg. von der Bayerischen Akademie der Wissenschaften […]. Red. von Otto Prinz […]. München 1967 ff.
Norden, Eduard: Die lateinische Literatur im Übergang vom Altertum zum Mittelalter. In: Ulrich von Wilamowitz-Moellendorff [u. a.]: Die griechische und lateinische Literatur und Sprache. 2., verb. und verm. Aufl. Berlin 1907.
Önnerfors, Alf: Philologisches zu Walahfrid Strabo. In: Mittellateinisches Jahrbuch 7 (1972) S. 41–92.
– Walahfrid Strabo als Dichter. In: Die Abtei Reichenau. Neue Beiträge zur Geschichte und Kultur des Inselklosters. Hrsg. von Helmut Maurer. Sigmaringen 1974. S. 83–113.
Olck, Franz: Gartenbau. In: Paulys Realencyclopädie der classischen Altertumswissenschaft (RE). Hrsg. von Georg Wissowa [u. a.]. Bd. 7. Stuttgart 1912. Sp. 768–841.
Schanz, Martin / Hosius, Carl: Geschichte der römischen Literatur. Tl. 4: Die römische Literatur von Constantin bis zum Gesetzgebungswerk Justinians. Bd. 1. München ²1914. Nachdr. Ebd. 1959.
Sierp, Hermann: Walahfrid Strabos Gedicht über den Gartenbau. In: Die Kultur der Abtei Reichenau. Erinnerungsschrift zur

zwölfhundertsten Wiederkehr des Gründungsjahres des Inselklosters. Hrsg. von Konrad Beyerle. Bd. 1. München 1925. S. 756–772.

Stammler, Wolfgang / Langosch, Karl (Hrsg.): Die deutsche Literatur des Mittelalters. Verfasserlexikon. Hrsg. von Kurt Ruh [u. a.]. Bd. 10. 2., völlig neu bearb. Aufl. Berlin [u. a.] 1999. S. 584–603.

Steidle, Basilius (Hrsg.): Die Benediktus-Regel. Lat./dt. 2., überarb. Aufl. Beuron 1975.

Syndikus, Anette: Walahfrid Strabo. In: Literatur Lexikon. Autoren und Werke deutscher Sprache. Hrsg. von Walther Killy. Bd. 12. Gütersloh [u. a.] 1992. S. 108 f.

Traill, David A.: Walahfrid Strabo's *Visio Wettini*. Text, Übersetzung und Kommentar. Frankfurt a. M. 1974.

Vergil: Georgica / Vom Landbau. Lat./Dt. Hrsg. und übers. von Otto Schönberger. Stuttgart 1994.

Walahfridus Strabo: Visio Wettini. Lat./dt. Übers., Einf. und Erl. von Hermann Knittel. Sigmaringen 1986.

Winterfeld, Paul von: Die Dichterschule St. Gallens und der Reichenau unter den Karolingern und Ottonen. In: Neue Jahrbücher. N. F. 3 (1900) S. 341–361. – Wiederabgedr. in: Mittellateinische Dichtung. Ausgewählte Beiträge zu ihrer Erforschung. Hrsg. von Karl Langosch. Darmstadt 1969. (Wege der Forschung. 149.) S. 31–51.

– Deutsche Dichter des lateinischen Mittelalters. Hrsg. und eingel. von Hermann Reich. 3. und 4., mit neuem Vorw. vers. Aufl. München 1922.

Nachwort

Die karolingische Erneuerung

Als Karl der Große nach dem Tod Karlmanns (771) seine Macht in Deutschland durch Kriege gegen die Sachsen (772–804) und die Absetzung Tassilos von Bayern (788) gesichert hatte, erweiterte er das Reich durch die Herrschaft über Ober- und Mittelitalien und richtete die Marken in Spanien und Österreich ein. So hatte er die Einheit des Abendlandes politisch weitgehend vollendet, nahm (800) den Kaisertitel an und beherrschte ein Imperium, wie man es seit dem Römischen Reich nicht mehr gesehen hatte.

Dabei wollte Karl nicht nur das politische, sondern auch das kulturelle Erbe der römischen Caesaren antreten und leitete, um sein Reich auch nach innen zu sichern, eine Erneuerungsbewegung ein, die zur Grundlage des nächsten Jahrtausends werden sollte. Ein von der Kirche getragenes Bildungswesen hatte die Aufgabe, die politische Macht zu festigen. Der vielfach dafür gebrauchte Name »Karolingische Renaissance« ist irreführend, denn Karl ging es dabei weder um die Autonomie der freien Persönlichkeit noch um die eigentliche Wiedergeburt der klassischen Antike, sondern um eine theokratische Universalmonarchie.

Wichtige Maßnahmen zur Durchführung dieser geistigen Erneuerung waren schon die *Admonitio generalis* von 789 zur Ordnung des Reiches und zur Ausbildung des Klerus, ebenso das Rundschreiben *De litteris colendis*, eine Art Studienordnung. Eine neue Schriftart, die karolingische Minuskel, förderte das Abschreiben von Texten in den Schreibstuben (Scriptorien) der Klöster; die Aachener Hofbibliothek und die Klosterbibliotheken erleichterten viele Studien, und an allen Klöstern und Kathedralen wurden Schulen nach dem Muster der Hofschule eingerichtet. Die

Geistlichen wurden angewiesen, in der Landessprache zu predigen, um die Bildung aller zu befördern. Doch wurde fast zwangsläufig das Lateinische zur internationalen Schriftsprache Europas, weil die wichtigsten Bildungsinhalte in Latein vorlagen. So wurde die karolingische Zeit für die Überlieferung der lateinischen Schriftsteller von größter Bedeutung, musste man sich doch seine Quellen durch liebevolles Abschreiben erst verschaffen.

Träger der lateinischen Literatur und Bildung waren dabei weitgehend Mönche, wie auch die damalige Literatur überhaupt weitgehend in Gelehrtenstuben entstand und (fast) nur für Gelehrte oder die Schule bestimmt war. Kirchliche Institutionen, wie etwa das Kloster Reichenau, wurden zu Bildungszentren.

Das wichtigste Mittel zur geistigen Erneuerung Europas war neben der Schule das an ihr gelehrte Latein. Latein war die Sprache der Kirche, der Wissenschaft, des Rechts, der Verwaltung, der Diplomatie, ja jeglicher Bildung. Die Schüler lernten besonders die alten Autoren kennen, Werke Vergils, Ovids und besonders des bedeutendsten christlichen Dichters des Altertums, des Prudentius (348 – um 405 n. Chr.); vielfach mussten Texte auch auswendig gelernt werden. Daneben lernte man das so genannte Mittellatein, das in der Zeit zwischen 500 und 1500 n. Chr. gebraucht wurde und die lebendige Fortdauer des alten Lateins darstellte. Mittellatein wurde in den eben genannten Bereichen wie eine vollgültige Muttersprache verwendet, so dass man das gebildete Mittelalter als zweisprachig bezeichnen kann. In diesem Latein verlieh man seinen Erlebnissen und Erkenntnissen Ausdruck und schuf so einen großen Teil der literarischen Kultur des Mittelalters. Dabei erweiterte und veränderte man die Formen und Bedeutungen der antiken Wörter und ging mit dem Latein wie mit einer zweiten Muttersprache um. So gewann man eine bewegliche und kraftvolle Literatursprache, die das alte Latein an Umfang und Ausstrahlung weit überragte. In der Romania lebte das

Volkslatein neben der Literatursprache weiter, entfernte sich von der Schriftsprache und bildete jeweils eigene, neuere Sprachen.

In karolingischer Zeit hielt sich übrigens der Zuwachs an neuen Wörtern oder Bedeutungen oder Wendungen für das Mittellatein in Grenzen; man vermied kühne Neuerungen und beschränkte eher den Gebrauch sprachlicher Möglichkeiten, was man als klassizistischen Zug bezeichnen darf.

Karl der Große ging in seinen kulturellen Bestrebungen vielfach mit eigenem Beispiel voran und mag sich selbst als neuer Friedensfürst und Augustus gefühlt haben. Er schuf sich einen Kreis gelehrter Berater, von denen vielfache Anregungen ins Reich ausstrahlten. Die führende Gestalt war der Angelsachse Alkuin (735–804), wichtigster Berater Kaiser Karls und Leiter der Hofschule. Alkuin schrieb ein lateinisches Epos über die Bischöfe von York, Schulbücher und Gedichte. Bedeutend war auch Paulus Diaconus (um 725–797), der eine Langobardengeschichte und ein Leben Gregors des Großen verfasste. Neben anderen seien noch genannt Einhard (um 770–840), der Biograph Karls des Großen (*Vita Caroli Magni*), und der nicht am Hof lebende Hrabanus Maurus (780–856), Abt in Fulda und später Erzbischof von Mainz, den man den Lehrer Deutschlands (Praeceptor Germaniae) nannte. Er förderte das Studium der antiken Autoren bei der Ausbildung der Mönche und schuf eine Realenzyklopädie des damaligen weltlichen und geistlichen Wissens (*De rerum naturis*, in 22 Büchern). Es waren vielfach Schüler des Hrabanus, die die karolingische Erneuerung in andere Klöster trugen.

Allerdings löste sich Karls des Großen Reich allmählich auf; schon 806 hatte er sein Erbe unter die Söhne Karl, Pippin und Ludwig aufgeteilt. Ludwig der Fromme versuchte das Reich noch zusammenzuhalten, was ihm auf dem Reichstag von Aachen 817 weitgehend gelang. Doch zerschlug er 829 selbst das Imperium, dazu verführt von seiner Gattin Judith, deren Sohn Karl den Kahlen er auf Kosten seiner Stiefbrüder mit Land ausstattete. Das führte zwischen ihm und seinen Söhnen Lothar, Pippin und Ludwig zum Krieg, der sich mit wechselndem Erfolg über Ludwigs des Frommen Tod (840) hinaus bis zum Frieden von Verdun (843) hinzog und zur endgültigen Teilung des Reiches führte.

Mochte nun auch nach Karls des Großen Tod eine gewisse Abschwächung seiner Erneuerungsbewegung einsetzen, so verbreiteten sich doch seine Impulse im Reich, wurde die neue Geistigkeit Gemeinbesitz der meisten Völker Europas. Ludwig der Fromme suchte das Leben mit christlichem Gedankengut zu erfüllen und die Völker seines Reichs zu einem Christenvolk zu vereinen. So vollendete sich der zweite Abschnitt der karolingischen Renaissance um die Mitte des 9. Jahrhunderts. Besonders Fulda und die Klöster des Bodenseegebietes ragten hier führend hervor, und neun Jahre lang (829–838) weilte ein Mönch des Reichenauer Klosters, Walahfrid Strabo, als Erzieher des Prinzen Karl (des Kahlen) am Hof Ludwigs des Frommen.

Die Reichenau und Walahfrid Strabo

Walahfrid hat (wohl aus Fulda) ein Gedicht an seine Kloster-Heimat, die Reichenau, gerichtet (Carm. 75), in dem es heißt: »Immer steht nach dir mein Sehnen, / Dein gedenk ich Tag und Nacht, / Die du uns versorgst mit allem, / Was wir brauchen, selige Insel.« Doch auch Walahfrid schenkte der Insel viel: Er vollendete für sie die karolingische Erneuerung.

Das Kloster auf der Reichenau verdankte seine Entstehung der irisch-angelsächsischen Mission und wirkte an dem Kolonisierungsprozess mit, bei dem Wälder gerodet, Felder urbar gemacht und Reben gepflanzt wurden. Im Jahr 724 soll der heilige Abt und Bischof Pirmin das Kloster gegründet haben; »er vertrieb die Schlangen und richtete das klösterliche Leben ein«, heißt es in einer späteren Gründungsgeschichte, die auf Angaben Walahfrids fußt.

Unter dem zweiten Abt, Heddo, entwickelte sich das Kloster nur zögernd, während es unter Abt Waldo (786–806) hohe Bedeutung erlangte und sogar »karolingische Abtei« wurde. Wohl schon zu dieser Zeit war der Mönch Wetti als Klosterlehrer tätig und wirkte im Geiste der karolingischen Erneuerung. Nachfolger Waldos wurde der Alemanne Heito, ein Freund von Wissenschaft und Kunst, und dessen Nachfolger war Abt Erlebald (823–838), ein asketisch strenger Mann, unter dem der junge Walahfrid Strabo sein erstes größeres Werk, die *Visio Wettini*, schrieb.

Die Reichenau bewies ihre kulturelle Bedeutung auch durch ihre Klosterbibliothek. Der Katalog vom Jahr 822 ist der erste große karolingische Bibliothekskatalog, den wir kennen. Er umfasst rund 500 Titel, Historisches, Musikwerke, Geographie, Medizin, Mönchsregeln (darunter eine berühmte Abschrift der Regel des Heiligen Benedikt in Aachen), Kirchenväter, antike und christliche Dichter. Auch der so genannte Pseudo-Apuleius, den Walahfrid in seinem Gartengedicht wohl verwendet, war Bestandteil der Bibliothek.

Karl der Große hatte auch – etwa um 795 – durch eine eigene Landgüterordnung, das *Capitulare de villis*, für die Einrichtung der königlichen Güter und Gärten im Reiche gesorgt, wobei auch an einen Kräutergarten für die Küche und an Heilkräutergärten für die Kranken gedacht war. Das Saatgut werden die Klöster geliefert haben, die ihrerseits schon nach benediktinischer Vorschrift (*Regula Benedicti* 66) zur eigenen Versorgung neben Mühlen auch Gärten angelegt hatten und, wenn sie etwas verkauften, billiger waren als die Weltleute (*Regula Benedicti* 57,4 f.). Die angelegten Guts- und Bauerngärten enthielten dann meist Kräuter-, Blumen- und Obstpflanzungen.

Die Klostergärten dienten nach dem Grundsatz »Bete und arbeite« (*Ora et labora*) einerseits kontemplativer Einkehr und Besinnung, waren aber auch Stätten und Symbole kultureller Arbeit (Gartenarbeit der Mönche erwähnt die *Regula Benedicti* 46,1). So gaben sie neben ihrem unmittelbaren Nutzen Raum für eine christlich überformte ästhetische Naturbetrachtung und erweiterten das Nutzungsspektrum des Gartens um eine Nuance, die das frühe Mittelalter nicht mehr oder noch nicht kannte.

Wir besitzen einen St. Galler Klosterplan aus dem Jahr 816, in dem vermutlich Möglichkeiten oder Wirklichkeiten von Gartenanlagen der Reichenau für die St. Galler Mönche aufgezeichnet sind und der einen Gemüsegarten, einen Heilkräutergarten (*herbularius*) und einen Obstgarten vorsieht. Besonders der Heilkräutergarten – eine Schöpfung klösterlicher Gartenkultur – enthält in 16 Beeten Heilkräuter wie Salbei, Fenchel, Minze, dazu auch Lilien und Rosen, in Besatz und Anordnung ganz ähnlich dem Gärtchen des Walahfrid Strabo, das seinerseits mit nicht wenigen Pflanzen dem karolingischen *Capitulare de villis* entspricht. Auf dieser wohl kultivierten Insel Reichenau nun verbrachte Walahfrid Strabo wichtige Jahre seines Lebens.

Walahfrid stammte aus Schwaben und war um 808 in ärmlichen Verhältnissen geboren (daher seine Aufmerksamkeit auf arme Leute; 242), schielte wohl auch (vgl. Carm. 23, wo er seinen lateinischen Namen Strabus, Schieler, in dieser verdorbenen Form führen will). In frühen Jahren kam er unter Abt Heito ins Kloster der immer währenden Jungfrau Maria auf der Reichenau, wo besonders die Mönche Wetti und Grimald seine vorzüglichen und verehrten Lehrer waren und die reiche Bibliothek Anregung und Vorbilder bot. Walahfrid erhielt eine gute theologische Bildung, entwickelte sich aber auch zu einem frühreifen poetischen Talent, schrieb ein klar fließendes, beinahe »klassisches« Latein, und als 824 sein Lehrer Wetti starb, gab er mit 17 oder 18 Jahren dessen Visionen vor dem Tode die endgültige hexametrische Form und widmete dieses bedeutende Werk (*Visio Wettini*), das auch eine kurze Geschichte des Klosters Reichenau enthält, dem Kapellan Grimald. Im Grunde ist in diesem Werk religiöser Mystik bereits Dantes *Divina Commedia*, der Weg durch Hölle und Fegefeuer zum Himmel, vorgezeichnet. Walahfrids Absicht, auch seinen Abt durch das Werk zu beeindrucken, wurde sicher erreicht. Zuvor schon (825; vgl. aber Önnerfors, 1972, S. 90) hatte Walahfrid das Leben des kappadokischen Märtyrers Mammes und des irischen Märtyrers Blaithmaic in gewandten Versen beschrieben (Ausgabe beider Viten mit deutscher Übersetzung von Mechthild Pörnbacher, *Walahfrid Strabo. Zwei Legenden*, Sigmaringen 1997). Ob das ebenfalls Grimald gewidmete Gedicht *Über den Gartenbau* in Walahfrids frühe oder erst in spätere Zeit gehört, ist umstritten.

Bald darauf ging Walahfrid nach Fulda (826–829), der führenden Bildungsstätte der Zeit, um bei dem großen Hrabanus Maurus seine Ausbildung zu vervollkommnen, gab auch später theologische und andere Werke Hrabans heraus. Offenbar fühlte er sich in Fulda nicht sehr glücklich, wie besonders sein von Heimweh nach der Reichenau erfülltes Gedicht zeigt (Carm. 75).

Im Jahr 829 wurde Walahfrid an den Hof Ludwigs des Frommen als Lehrer des jüngsten Kaisersohnes Karl (aus Ludwigs zweiter Ehe mit Judith; später Karl der Kahle) berufen und trat zu Ludwig und dessen Gemahlin in ein Verhältnis, das von Verehrung und Treue geprägt war, lernte auch bedeutende Persönlichkeiten und die Welt der hohen Politik kennen (vgl. auch Bezold, 1924). Aus dieser Zeit besitzen wir eine Anzahl poetischer Briefe an das Kaiserpaar und weitere Bekannte Walahfrids. Auch seinen Schüler Karl mahnt Walahfrid in einer poetischen Epistel (28), einer Art Fürstenspiegel, dem frommen Vater nachzueifern. Er hielt auch in den schlimmen Zeiten der Thronstreitigkeiten die Verbindung zur kaiserlichen Familie aufrecht und schrieb Gedichte an die Herrscher Lothar und Ludwig den Deutschen.

Das wichtigste Werk aus Walahfrids Zeit am Kaiserhof ist ein Gedicht auf die Reiterstatue Theoderichs, die Karl der Große 801 von Ravenna nach Aachen bringen und vor der Kaiserpfalz aufstellen ließ. Da Theoderich Arianer war, äußerte Walahfrid ungescheut in einem längeren – im Grunde hochpolitischen – Gedicht (*De imagine Tetrici*; der Name ist verändert, um einen Anklang an lat. *taeter* ›hässlich‹ zu gewinnen) sein Ärgernis und gebrauchte dazu (in der Nachfolge von Augustins *Soliloquien*) die Form eines Zwiegesprächs mit seinem eigenen Genius (*Scintilla*, eigentlich ›Funke‹), in dem er Theoderich herabsetzt, Kaiser Ludwig aber preist, der durch Frömmigkeit das goldene Zeitalter herbeigeführt habe. Auch sonst vermeidet er politische Stellungnahmen oder Anspielungen oft nicht, wie er überhaupt lebhaften Anteil an seiner Umwelt und den Ereignissen des Tages nahm. Das Gelegenheitsgedicht kommt solcher Art besonders entgegen.

Walahfrid blieb am Kaiserhof in Aachen, bis 838 die Erziehung Karls beendet war; dann erhielt er zum Dank die Abtei Reichenau. Zwar hatten die Mönche bereits einen anderen Abt gewählt, doch konnte sich Walahfrid durchsetzen. Als er sich jedoch nach dem Tod Ludwigs des Frommen im Interesse der Reichseinheit für dessen Sohn Lothar erklärte, wurde er von Ludwig dem Deutschen aus der Reichenau vertrieben und ging nach Speyer, von wo er Lothar in einem längeren Gedicht seine Klagen vortrug (Carm. 5 »Ad Hlotharium imperatorem«). Nachdem aber 842 Lothar von Ludwig besiegt wurde, erhielt Walahfrid – besonders auf Betreiben seines alten Freundes Grimald – die Abtei zurück, wo ihm noch sieben Jahre des Wirkens vergönnt waren. Er starb auf einer Gesandtschaftsreise für Ludwig den Deutschen zu Karl dem Kahlen im Jahr 849. Bestattet ist er auf der Reichenau; Hrabanus Maurus schrieb ihm ein noch erhaltenes poetisches Epitaph.

Für seine Zeitgenossen war Walahfrid eher als Theologe denn als Dichter bedeutend. Er überarbeitete – neben den bereits genannten Werken – Viten von S. Othmar und S. Gallus (*Vita Sancti Galli Confessoris*, in Prosa, entstanden 837), gab auch das Leben Karls des Großen von Einhard (mit einer wichtigen Vorrede) neu heraus. Die Gallus-Vita war mit 75 Handschriften die am weitesten verbreitete Arbeit Walahfrids. Ein Hauptwerk Walahfrids war die Erklärung des biblischen Pentateuchs nach Vorarbeiten Hrabans, die sehr verbreitet war. Eine im Mittelalter als *Glossa ordinaria* viel benützte Bibelerklärung jedoch wurde Walahfrid fälschlich zugeschrieben. Bedeutsam war Walahfrids Werk über Liturgie und Riten (841), in dem er u. a. die deutschen Namen kirchlicher Dinge, die Rolle der Himmelsrichtungen im Kult, die Bilderverehrung, die Hymnen erörterte (*Liber de exordiis et incrementis quarundam in observationibus ecclesiasticis rerum*, in: *Patrologiae cursus completus. Series Latina*, hrsg. von Jacques-Paul Migne, Bd. 114, Paris 1879, Sp. 919–966). In diesem Werk bewies Walahfrid auch seine Kenntnis der Schriften des Augustinus. Hinzu treten kleinere exegetische Werke und eine Sammelhandschrift (Notizbuch; Vademecum), in die er Beobachtungen und Anmerkungen zu Grammatik, Medizin, Landwirtschaft, Meteorologie usw. eintrug.

Heute wird Walahfrid eher als Dichter geschätzt, nicht zuletzt wegen seines schönen Gedichtes über den Gartenbau (*De cultura hortorum*) und wegen der bedeutenden *Visio Wettini*. Hinzu treten seine Hymnen, religiöse Gedichte, Gelegenheitswerke, besonders die poetischen Episteln (Briefgedichte; u. a. aus der Zeit am Kaiserhof) und der Fürstenspiegel für den Prinzen. Alle poetischen Werke Walahfrids sind in der Ausgabe von Ernst Dümmler in den *Monumenta Germaniae Historica* (MGH) gesammelt (vgl. S. 43). Walahfrid gilt als Vater der Dichterschule am Bodensee, die im 9. und 10. Jahrhundert bedeutende Namen aufwies. Unter ihm überflügelte die Reichenau das benachbarte St. Gallen. Sein Nachfolger im Abtsamt dankte es ihm, indem er Walahfrids Todestag zum allgemeinen Gedächtnistag der Reichenauer Äbte erhob. Walahfrid war eine liebenswerte Natur, tief religiös, begabt, gewandt, war ein guter Prosaschriftsteller und einer der bedeutendsten mittelalterlichen Dichter, der Versformen und Dichtungsgattungen souverän beherrschte. Mit seinem Tod endete eine Blütezeit der Abtei Reichenau.

Garten und Gärten

Dass es schon früh einen Garten gab, weiß das Alte Testament (1 Mos. 2,8–15), das vom Garten Eden »mit allerlei Bäumen, lieblich anzusehen und gut zu essen« spricht, und so berichten auch zahlreiche Zeugnisse von frühgeschichtlichem Gartenbau im Vorderen Orient und Ägypten. Die Urform des Gartens besteht in einer Abgrenzung gegenüber dem Umland; die eingegrenzte Fläche wird meist durch Beete und Wege ausgefüllt und erhält besondere Bedeutung und Pflege. Die – meist rechteckige – Umgrenzung bestand beim altorientalischen Garten aus einer Mauer, die bis heute auch die europäische Gartenanlage beherrscht und die Garten-Dialektik von Innen und Außen, von Ordnung und Unordnung unterstreicht.

Homer kennt nur einen Nutzgarten (bei den Phaiaken, *Odyssee* 7,112 ff.); Ziergärten gab es in Griechenland erst spät und nicht sehr häufig. Auch die Römer hatten anfangs nur Nutzgärten von kleinerem Ausmaß beim Haus oder im Vorfeld von Städten, wo man Gemüse, Kranzblumen und ein paar Bäume zog. Gemüse und Kräuter galten als bekömmliche Nahrung und halfen vielen, Geld für andere Bedürfnisse zu sparen. Das Gedicht *Moretum* (*Der Kräuterkäse*) aus der Zeit kurz vor Christi Geburt gibt ein anschauliches Bild der Bereitung eines Kräuterkloßes aus dem Hausgarten durch einen bedürfnislosen Landmann. Ebenso schilderte Vergil in seinem Gedicht vom Landbau (*Georgica* 4,116 ff.) das Leben eines bescheidenen Greises, der von einem kleinen Grundstück lebt, Kohl und Mohn, Obst und Blumen zieht und »abends den Tisch mit Speisen belädt, die er nicht zu kaufen braucht«. Lange Zeit fasste man Gärten wohl kaum als Mittel der Erhöhung von Wohn- oder Lebensqualität auf. Doch erwähnt Vergil an der eben genannten Stelle auch »zweimal blühende Rosengärten von Paestum«, also doch wohl Ziergärten.

Etwa seit dem 1. Jahrhundert v. Chr. finden sich in Italien Ziergärten, ja man kann sagen, dass die eigentliche Gartenkunst eine Erfindung der Römer war. War der römische Hausgarten ursprünglich und traditionell ein Küchen- und Nutzgarten, fanden sich jetzt in den Peristyl-Gärten streng geplante, oft symmetrische Anlagen mit Bäumen, immergrünen Pflanzen und Blumen wie Myrte, Lilie, Rosen, Veilchen. Später traten große Gartenanlagen hinzu, Landschaftsgärten mit Wasserspielen, Grotten usw. (wie etwa die Hadriansvilla in Tivoli), doch ging diese Art der Gartenkultur in der Völkerwanderung verloren.

Das frühe Mittelalter schöpfte seine botanischen Kenntnisse aus der wissenschaftlichen Überlieferung, die auf Autoren wie Theophrastos (371–285 v. Chr.), Dioskurides (um 60 n. Chr.), Cornelius Celsus (1. Jahrhundert n. Chr.; *De medicina*), Plinius dem Älteren (23–79 n. Chr.; 37 Bücher *Naturalis Historia*) und Isidor von Sevilla (570–636; im 12. Buch seiner Enzyklopädie *De natura rerum*) fußte und in das 19. Buch (»Von Feldbau und Pflanzen«) der Enzyklopädie des Hrabanus Maurus mündete. Hinzu traten die Schriften der römischen Feldbauschriftsteller, die Werke von Cato (234–149 v. Chr.), Marcus Terentius Varro (116–28 v. Chr.), Iunius Moderatus Columella (50 n. Chr.) und besonders Palladius (4.–5. Jahrhundert n. Chr.; *Opus agriculturae*, mit wichtigem Feldbaukalender).

In Deutschland lernte man den Gartenbau anfangs wohl nach Gärten, die noch die Römer in Germanien angelegt hatten. Klöster und Bauern legten dann zur eigenen Versorgung, aber auch schon zum Verkauf Nutzgärten an. Doch gewann dann die theologische Sicht des Gartens große Bedeutung. Hrabanus Maurus vergleicht den Garten mit der Kirche, die, umfriedet vom Schutze Gottes, viele Früchte trage. Die Mönchsregel Benedikts mit ihrem »Bete und Arbeite« (*Ora et labora*) schuf – auch für den Gartenbau – eine Atmosphäre der asketischen Anstrengung und der Betrachtung zugleich, ohne dass die theologischen Pflichten unter einem Übermaß von Arbeit gelitten hätten.

Viele Dokumente des frühen Mittelalters beweisen die Aufmerksamkeit der Menschen auf Landwirtschaft und Garten, so das *Salische Gesetz* (8. Jahrhundert), die *Lex Baiuvariorum*, das *Capitulare de villis* Karls des Großen. Auch der St. Galler Klosterplan beweist das hohe Interesse der Klöster an Gartenanlagen und verweist auf die karolingische Erneuerung ebenso wie durch seine Herkunft von der Reichenau auf das Gartengedicht des Walahfrid.

Im Hochmittelalter freilich, als die höfische Kultur die mönchische ablöste, wurde der Garten seiner theologischen Weihe entkleidet, traten neben die geistliche Erbauung durch die Natur auch körperliche Erholung und Naturgenuss. Schloss- und Stadtgärten verwandelten sich zum Teil in Zier- und Lustgärten, dienten nicht mehr der Betrachtung, sondern dem Vergnügen, wurden aus Orten der himmlischen zu solchen der irdischen Liebe. Walahfrids Gartengedicht ist jedoch von solchen Gedanken noch weit entfernt.

Walahfrids Buch über den Gartenbau

Abfassungszeit

Die Abfassungszeit des Buches über den Gartenbau (auch *Hortulus*, »Gärtchen«, genannt) ist umstritten. Manche Forscher (z. B. Sierp, 1925, S. 757) setzen das Werk in Walahfrids erste Reichenauer Zeit, etwa ins Jahr 825, wenige denken an die Fuldaer und Aachener Zeit, und andere halten es für das letzte große Werk des Dichters aus seiner Abtszeit (zwischen 842 und 849). Da habe er das Buch dem alten Lehrer Grimald gewidmet, der seit 841 Abt von St. Gallen war; der Ton der Widmung an Grimald (429 ff.) sei nur möglich zwischen Gleichberechtigten (wobei *pater* in 430 einengend als »Abt« aufgefasst und in 432 *horti* unberechtigt als »*sein* Garten« bezeichnet wird). Stoffler (2000, S. 47 ff.) sieht auch in einer vermuteten politischen Anspielung in der Salbei-Strophe (80 f.) eine Datierungshilfe für diese Spätzeit. Önnerfors (1974, S. 104 f.) betont die männliche Reife, die aus dem Gedicht spreche, und weist auf die im Laufe der Zeit bei Walahfrid sich steigernde Kraft von Vers- und Periodenbau hin, die im *Hortulus* eine Vollendung erreiche. Dieses Argument scheint unter allen vorgebrachten das stärkste, doch weisen auch frühere Arbeiten Walahfrids durchaus formvollendete Partien auf, gerade auch die von Önnerfors als Gegenbeispiel angeführte *Visio Wettini* (allerdings weniger im Periodenbau). Und wer vermag mit Sicherheit im Sprachstil zwischen männlicher Reife und jugendlicher Dichterkraft zu unterscheiden? Die Widmung an Grimald (429–444) spricht jedenfalls eher für ein Jugendwerk Strabos für seinen Lehrer (*pater; servus; pectore devoto; scola ... tuorum:* Grimalds Schulkinder; *ut vitiosa seces ... placentia firmes:* schreiben sich Äbte so?). Andererseits diente der Obstgarten oft als Friedhof und könnte eher zu einem älteren Mönch passen. Auch ist zuzugeben, dass es (gewisse) Schwierigkeiten macht, vor Walahfrids Abreise nach Fulda (826) noch ein größeres Werk anzunehmen, während er andererseits in Fulda durch Hrabanus Maurus und die dort vorhandene Columella-Handschrift angeregt werden konnte. So bleibt die Abfassungszeit des Werkes umstritten und muss noch genauer erforscht werden.

Vorbilder und Quellen

Zumindest seit der karolingischen Erneuerung lieferte die Schule zahlreiche literarische Anregungen: lateinische Sprüche und Fabeln, später die Epik Vergils und Ovids und besonders die Dichtungen des Prudentius. Begabte Schüler und Heranwachsende gewannen aus antiken und christlichen Vorbildern die Möglichkeit, nachahmend anspruchsvolle Literatur zu schaffen. Grundsätzlich war die Kunst, sich in guten Versen auszudrücken, höchstes Ziel sprachlicher Ausbildung, und diese Übung des Formbewusstseins und der Imitation hat im Verein mit christlichem Gedankengut das junge Europa geprägt.

So war Vergils Gedicht vom Landleben, die *Georgica*, die zwischen 37 und 30 v. Chr. entstanden war, ein wichtiges Vorbild für Walahfrid, besonders da Vergil selbst den von ihm nicht beschriebenen Gartenbau seinen Nachfolgern anempfohlen hatte (Georg. 4,116f.). Zudem hatte Vergil wenigstens andeutend den Garten eines bescheidenen Greises beschrieben (ebd., 4,125 ff.; vgl. auch den Garten in *Ekloge* 2,46 ff.) und dabei gezeigt, was Sinn, Mühe und Glück des Gartenbaues ausmachen. Walahfrids Beschreibung des Bodens und der Gartenarbeit (1–75) atmet deutlich die Stimmung der *Georgica*, und vielleicht führt der Musenanruf Walahfrids (235 ff.) als Nachklang der vergilischen *Aeneis* zum zweiten Teil des *Hortulus*, wie Haffter (1981) zu zeigen versucht. Dass er sich als Nachfolger Vergils versteht, beweist Walahfrid durch den Anklang seines Verses 75 (*ut ingenti res parvae ornentur honore*) an Vergils Vers, *Georgica* 3,290 (*angustis hunc addere rebus honorem*).

Neben Vergil mag Ovid auf den Dichter anregend gewirkt haben, einerseits durch seine Formvollendung, dann aber auch durch die von ihm so ausführlich gepflegte Gattung des Lehrgedichtes, besonders die *Metamorphosen*.

Schon im 1. Jahrhundert n. Chr. hatte L. Moderatus Columella ein formvollendetes Prosawerk über den Landbau verfasst, fügte aber als 10. Buch eine Behandlung des Gartenbaues in Hexametern bei, die er als Ausführung der vergilischen Aufforderung verstand (vgl. *De cultu hortorum* 10,1–5). Walahfrid spielt mit seinem Buchtitel *De cultura hortorum* offensichtlich auf Columellas Titel an, und an wenigstens vier Stellen stimmen beide Dichter eng zusammen (*Hortulus* 1 ff. – Columella 10,81 ff; Hort. 131 ff. – Colum. 383 ff; Hort. 19 – Colum. 80; Hort. 112 – Colum. 234).

Aus der zweiten Hälfte des 4. Jahrhunderts n. Chr. stammt der *Liber medicinalis* des Quintus Serenus, ein medizinisches Lehrgedicht von über 1000 Hexametern, das zur Zeit Karls des Großen weite Verbreitung genoss. Walahfrid mag aus ihm neben einzelnen Ausdrücken besonders den medizinischen Aspekt seines Gedichtes gewonnen haben; seine Verse 317 f. sind fast gleich lautend aus Serenus (313) übernommen.

Es ist denkbar, dass neben diese antiken Anreger Walahfrids auch das *Capitulare de villis* Karls des Großen trat, das dem Dichter die Bedeutung des Gartenbaues in der Gegenwart vor Augen führte und ihm sein Thema auch von der politisch-kulturellen Sphäre her empfahl. Nicht zu vergessen ist die Anregung, die Walahfrid die bestehenden Gartenanlagen auf der Reichenau boten, sein eigenes Interesse an der Sache und vielleicht sogar schon jugendliche Gartenerlebnisse.

Welche Quellen im Einzelnen Walahfrid für den *Hortulus* verwendete, ist schwer zu sagen. G. Barabino (1975) hat dieser Frage eine vorzügliche Studie gewidmet und für jede Pflanze Walahfrids die Herkunft der Nachrichten zu klären versucht. Walahfrid selbst nennt (15 ff.) als Quellen volkstümliche Überlieferung, Schriften der Alten und eigene Erfahrung. Seine Beschreibungen der Pflanzen scheinen dabei auf eigene Kenntnis zurückzugehen, während sich die anschließenden medizinischen Vorschriften eher auf literarische oder volkstümliche Quellen beziehen werden. Wir wissen auch aus Walahfrids Vademecum, dass er sich Notizen zu Medizin und Obstbau machte, wie man ja überhaupt seit Karl dem Großen bestrebt war, die in der Völkerwanderung unterbrochene medizinische Tradition wiederherzustellen. Walahfrid betont zudem seine eigene praktische Erfahrung, stellt sie sogar gelegentlich in Gegensatz zur Praxis der Ärzte (277 ff.).

Grundsätzlich gehen die meisten mittelalterlichen botanischen Kenntnisse – direkt oder indirekt – auf die bereits genannten Autoren Dioskurides, Theophrastos und Plinius den Älteren zurück. Hinzu treten die Agrarschriftsteller Columella, Palladius und andere. Viele Kenntnisse leitete Isidor von Sevilla durch seine Enzylopädie ins Mittelalter hinüber; auf Isidors Werk fußte die Enzyklopädie des Hrabanus Maurus (19. Buch »Vom Feldbau und den Pflanzen«).

Es ist aber unwahrscheinlich, dass Walahfrid alle oder auch nur mehrere dieser Schriftsteller eigens herangezogen hat. Vergil ist sicher benützt, ebenso Quintus Serenus; bei Columella besteht hohe Wahrscheinlichkeit für unmittelbare Verwendung. Schon für die *Naturgeschichte* des Plinius wird man vermuten, dass Walahfrid ein mittelalterliches Exzerpt wissenschaftlichen Charakters aus ihr verwendete, das durch praktische Hinweise und vielleicht durch Material aus Celsus, Dioskurides, Theophrast u. a. ergänzt war. Ein Beispiel für solche Literatur liefert die so genannte *Medicina Plinii* aus dem 4. Jahrhundert n. Chr., die aus den Büchern 20–37 der *Naturalis Historia* ein Rezeptbuch mit Heilmitteln aus dem Pflanzen- und Tierreich zusammenstellte. Ein ähnliches Werk war der – auf der Reichenau vorhandene – so genannte Pseudo-Apuleius, eine Zusammenstellung von Rezepten des 5. Jahrhunderts n. Chr. mit dem Titel *De herbarum virtutibus*. Beide Werke könnte Walahfrid benützt haben, doch schon das letztere Werk bot für den Hortulus nicht sehr viel mehr als Pflanzennamen.

Weitere Autoren, die Walahfrid ganz oder teilweise
kannte, sind Lukrez (sicher nur teilweise), Prudentius, Lu-
xorius u. a. – Für die Pflanzen selbst lässt sich vielfach Be-
rücksichtigung des karolingischen *Capitulare de villis* annehmen.

Walahfrids Gestaltung des *Hortulus*

Was Walahfrids Gedicht so anziehend macht, ist die an-
mutige, von feiner Naturbetrachtung und Liebe zu den Ge-
wächsen getragene Art der Gestaltung. Man erkennt, welche Freude der Dichter am Garten, an der Arbeit im Garten und an der künstlerischen Darstellung des Gartens
hatte, eine Freude, die sich auch dem Leser mitteilen will.
Die liebevolle Beschreibung der Pflanzenindividualitäten
lässt erkennen, dass Walahfrid sie mit den Augen des Gärtners, Bewunderers (91, 127) und Dichters betrachtet, den
Stoff durchdringt und ihn anziehend macht. Die einzelnen
Pflanzen werden als lebendig, ja handelnd aufgefasst (z. B.
112 ff.: *diligit*; *tendit*; *prehendunt*). So darf man von einer
lyrischen Grundstimmung dieser Dichtung sprechen. In
den Versen 73 ff. schildert der Dichter die selbst erkannten
inneren Voraussetzungen für sein Werk: Talent, Gabe der
Auffassung und Durchdringung, sprachliche Fähigkeiten,
um die Dinge zu erhöhen.

In der Tat nämlich ist der Hortulus ein *Lehr- und Preisgedicht*. Das beweisen die vielfach auftretenden Ausdrücke
des Staunens und der Bewunderung für Pflanzen, aber auch
die deutliche Liebe Walahfrids zum Garten (230: *amor parvi ... horti*). Die Muse soll (z. B. die Lilien; 249) preisen; die
Ehre (*honor*) eines Gewächses soll nicht verschwiegen werden (208), und kleine Dinge sollen mächtigen Preis erfahren
(75: *ingenti res parvae ornentur honore*). Dazu bedarf es
des Talentes.

Im letzten Grunde jedoch scheint Walahfrid den Garten
als wahrer Mönch zu betrachten, indem er ihn einmal als

Ort der Arbeit und Erfahrung (*labora*) und dann wieder als Hort der Betrachtung und Einkehr (*ora*) auffasst. Er scheut nicht die Mühe, den Boden der Beete zu lockern, zu jäten und Mist und Wasser zu tragen. Die Unaufhörlichkeit des Sorgens, die schon sein Vorbild Vergil gefordert hatte, kommt auch bei Walahfrid zum Ausdruck, und diese Stimmung geht auch auf die einzelnen Pflanzen-Abschnitte über (in Themen wie Jahreszeit, Ernte, Liebe zum Garten, Pflanzenkunde, Nutzen); damit erweist er dem Dichter Vergil stärkere Verehrung noch als durch die zahlreichen Anklänge im Einzelnen.

Vermutlich beschreibt er den Kräuter- oder Wurzgarten (*herbularius*) des Klosters auf der Reichenau, neben dem sicher noch ein Gemüsegarten vorhanden war und Früchte und Getreide feldmäßig angebaut wurden. Außer zum Kräutergarten des St. Gallener Klosterplanes finden sich in Bezug auf die Pflanzen weitgehende Parallelen zum *Capitulare de villis*. Fünf Pflanzen, *absinthium*, *marrubium*, *vettonica*, *agrimonia*, *ambrosia*, *rafanum*, hat Walahfrid über das *Capitulare* hinaus; andererseits führt er manche Pflanzen in ähnlicher Reihe wie das *Capitulare* an; *Capitulare*: *salviam*, *rutam*, *abrotanum*, *cucumeres*, *pepones*, *cucurbitas* – Walahfrid: *salvia*, *ruta*, *abrotanum*, *cucurbita*, *pepones*. Da der Kräuter-Gärtner oft wohl auch Apotheker ist, weist Walahfrid auf die notwendige Vorratshaltung von Heilmitteln hin (284: *Nec mihi defuerit*).

Allerdings ist bei diesem dichterischen Kräutergarten die Frage, ob Walahfrid Vollständigkeit anstrebt; die Art der Auswahl der Pflanzen wäre daraufhin zu untersuchen. Jedenfalls wollte er keine wissenschaftliche Abhandlung oder ein Lehrbuch des Kräuteranbaues liefern; da hätte er viel mehr auf Anbau-, Behandlungs- und Erntemethoden eingehen müssen. »Bei allem poetischen Hauch, der über der Beschreibung der Gewächse liegt, gleicht dieser Hortulus doch eher einer [...] Sammlung liebevoll beobachteter [...] Einzelexemplare [...] nur der Gedanke der cultura verknüpft sie« (Herding, 1948, S. 392). Vielleicht hängt auch der anfänglich ganz ausbleibende literarische Erfolg des *Hortulus* mit diesem Zurücktreten des praktischen Lehrbuch-Charakters zusammen.

Den Gedanken der Sorge ergänzt die Tatsache, dass Walahfrid weitgehend von Pflanzen spricht, die menschliche Leiden lindern helfen, und viel weniger von Nutzpflanzen im Gemüsegarten oder von Genussmitteln, etwa Würzen. Aus dem Kräutergarten wird so ein Heilgarten, und zwar, wie sich zeigt, ein Heilgarten in doppelter Beziehung: Zu den Heilkräften der Pflanzen kommt am Ende die heiligende Symbolkraft von Rose und Lilie.

So tritt zur Arbeit und zur bodenständigen Art des Dichters der Bezug der Betrachtung und des Gebetes (zumindest ab 392 ff.). Ziel von Gartenbau, Wissenschaft und Dichtung wird die existentiell verstandene christliche Weisheit, in der die Ordnung der irdischen wie der überirdischen Welt unverrückbar feststeht. Diese Ordnung erweist sich übrigens nicht nur in der erwähnten Symbolik und in der Heilwirkung der Pflanzen, sondern auch in ihrer zweckmäßigen und ästhetisch anziehenden Gestalt. Auf diese Weise wird Walahfrids Lehrgedicht über den Gartenbau zum Gegenstück des augusteisch-klassischen Lehrgedichtes Vergils vom Landbau; in beiden Fällen wird hinter der Beschreibung heilender und nützender Kräfte von Arbeit und Natur das Streben offenbar, den Menschen der eigenen Zeit Führung und Geleit zu geben. Aus dem Garten-*Hortulus* wird ein *Hortulus animae*, ja sogar ein Vor-Bild des Paradieses. Auch von daher wird der preisende Charakter des Gedichtes verständlich.

Form und Aufbau des Werkes

Die Überschriften der einzelnen Teile des Gedichtes stammen wohl von Walahfrid, denn er hat ja auch Einhards Vita Karls des Großen in Kapitel gegliedert und mit Überschriften versehen. Die 23 Pflanzen-Kapitel selbst haben unterschiedlichen Umfang (zwischen 5 und 53 Versen), was zum Teil mit dem verschiedenen Interesse Walahfrids zusammenhängen mag; Langosch (1990, S. 66) erklärt, dass er »das Poetische über das Lehrhafte überwiegen« ließ, die einzelnen Pflanzen nach Belieben behandelte und als freier Künstler für Abwechslung und Gegensatz sorgte (vgl. Vers 200 mit Vers 210). Die Abschnitte sind meist so aufgebaut, dass zuerst die Pflanze beschrieben wird, dann (nicht immer) eine Verknüpfung mit Mythologischem oder Christlichem folgt und schließlich die Heilwirkung beschrieben wird.

Ob in der Reihenfolge der Pflanzen ein System vorliegt, ist schwer zu sagen; manche Erklärer sprechen von freier Gestaltung des Künstlers, andere vermuten, dass sich Walahfrid an die gegebene Anordnung der Pflanzen im Klostergarten hielt, wie er sie täglich sah und wie sie wohl auch mit dem St. Galler Kloster- und Gartenplan teilweise übereinstimmt (Stoffler, 2000, S. 24f.). Auffallend ist dabei, dass Walahfrid nie von anderen Gärtnern oder Helfern spricht; *holitor* (11) und *messor* (158) sind wohl der Gärtner in eigener Person. Man erkennt übrigens auch, dass Walahfrid dem Leser ein reales Bild von der Anordnung des Kräutergartens vermitteln will; man vergleiche die Ortsangaben *prima ... fronte locorum* (76), *Hoc simul in spatio* (152), *iuxta positi* (197), *in nostris ... hortis* (327), *extremus ... ordo* (387) usw. In dieser Art des Aufbaues unterscheidet sich Walahfrid grundsätzlich von Columella, der in seinem Gartengedicht weitgehend die zeitliche Folge der Gartenarbeiten zum Gliederungsprinzip macht.

Die Form des *Hortulus* ist die eines Lehrgedichts, das einen fachspezifischen Stoff in poetischer Form darbietet und lehrt. Schöpfer des Lehrgedichtes waren für uns die Griechen, die seit Hesiod (um 700 v. Chr.) mythologische und philosophische Stoffe in dichterischer Form vortrugen. Später traten eigentlich fachwissenschaftliche Gegenstände hinzu (etwa Astronomie). Neben Hesiod wurden die Römer Lucretius (um 97–55 v. Chr.; *De rerum natura*), Vergil (*Georgica*), Horaz (65–8 v. Chr.; *De arte poetica*) und Manilius (1. Jahrhundert n. Chr.; *Astronomica*) die vorbildlichen antiken Repräsentanten der Gattung.

In der ausgehenden Antike und im frühen Mittelalter hatte das Lehrgedicht vielfach theologischen und moralischen Inhalt und diente nur in Ausnahmefällen der Beschreibung von Kunst und Natur. Insgesamt jedoch verfolgt jeder Verfasser eines Lehrgedichtes die Doppelabsicht, den Hörer oder Leser zu belehren (ihm zu nützen, *prodesse*) und zu erfreuen (*delectare*), wobei sich für Walahfrid die Freude auch im Lobpreis ausdrückt.

Zum festen Personal eines Lehrgedichts gehören der Lehrer (Dichter) und der Schüler (Hörer/Leser). Der Lehrer ist Fachmann auf seinem Gebiet und teilt sein Wissen gerne, ja zuweilen mit missionarischem Eifer mit. Der Schüler wird immer wieder angesprochen, um seine Aufmerksamkeit und Bereitschaft zu gewinnen, und erhält Vortrag und Erklärung, doch tritt solche Ansprache im *Hortulus* einigermaßen zurück (seltener Imperativ eines Rezeptes in Vers 193). Walahfrid schildert dafür die eigene Tätigkeit, sozusagen als verpflichtendes Vorbild (z. B. 41ff., 59).

Dem Schüler ist auch häufig das Gedicht gewidmet; allerdings tritt später anstelle des Schülers oder neben ihn ein sozial höher stehender Empfänger der Widmung, wie bei Walahfrid sein Lehrer Grimald. Als dritte Gruppe kommen Götter und Musen hinzu. Die Götter sollen dem Dichter des Lehrgedichtes in zweifacher Hinsicht beistehen, einmal, indem sie ihm Fachwissen, zum anderen, indem sie ihm poetische Inspiration spenden. Zu diesem Zweck ruft der Dichter Götter und Musen (meist zu Beginn des Werkes) an. Poetische Inspiration schenken besonders die Musen, die diese Funktion während der gesamten Antike ebenso ausüben wie auch im mittellateinischen Lehrgedicht. Theologische Probleme traten dabei kaum auf. Auch Walahfrid ruft die Muse oder die Musen, Erato oder Thalia, nicht anders an als Vergil in den *Georgica* (Haye, 1997, S. 101); doch wäre es verfehlt, hierin nur eine leere Form zu sehen, und zwar bei Vergil ebenso wie bei Walahfrid.

H. Haffter (1981) hat in seiner Arbeit über Walahfrid Strabo und Vergil deutlich gemacht, dass der erste Teil des *Hortulus* stärker von Vergils *Georgica* beeinflusst ist als der zweite (ab Kap. 13). Schon der Beginn des Gedichtes verweist auf die *Georgica* (1–3; Georg. 4,116 ff.), und die Stimmung Vergils geht auf die Pflanzenbilder des ersten Teils über. So ist dort von den Jahreszeiten gesprochen (138, 143, 158, 220), von der Liebe zum Gartenbau (56, 230), und die Pflanzenkunde tritt in der ersten Werkhälfte deutlicher hervor als in der zweiten.

Die andere Werkhälfte wird (235 ff.) durch eine Anrufung der Muse Erato eingeleitet, die aber als kriegerische Muse keinen rechten Ort im Gartengedicht hat. Doch soll ihre Anrufung an Vergils *Aeneis* (7,37 ff.) erinnern, wo Erato und die Kriege in Latium ebenfalls miteinander verbunden sind. Auch Vergils Musenanruf gliedert die *Aeneis* in zwei gleich große Abschnitte, wobei der erste Abschnitt die Irrfahrten des Helden, der zweite seine Kämpfe in Italien enthält. So teilt der Musenanruf bei Walahfrid den *Hortulus* wirklich in zwei – wenn auch nicht ganz gleiche – Hälften (1–234: 234 Verse; 235–444: 210 Verse), ist also nicht nur ein sprachlicher Indikator für Textzäsuren.

Die Muse, Sängerin von Kriegen und heroischen Taten, wird von nun an mehrfach erwähnt (249, 324 f., 342), und dazu fügt sich, dass nur im zweiten Werkteil von Wunden die Rede ist, die von manchen Kräutern geheilt werden (243 f., 355 ff., 364 f., 382 ff.). Zum heroischen Epos gehört auch, dass der Schauplatz auf weite Länder verteilt ist; so erwähnt Walahfrid im zweiten Werkteil mehrere geographische Namen. Die Poleiminze (300 ff.) ist botanisch nicht charakterisiert; dafür ist ihr Nutzen beschrieben, wobei der Blick über die ganze Erde schweift, wie überhaupt im zweiten Werkteil der geographische Horizont sich erweitert.

Der heroische Ton der *Aeneis* soll besonders der zuletzt beschriebenen Pflanze zustatten kommen, der Rose (392 ff.). »Und hier vereinigen sich aufs schönste kompositionelle und inhaltliche Bedeutung des Musenanrufs« (Hafter, 1981, S. 186). Die Rose wird mit der schon zuvor unmittelbar nach dem Musenanruf besprochenen Lilie (248 ff.) vereint, denn schon die Antike hatte diesen Blumen den ersten und zweiten Rang im Blumenreich zugeschrieben. So umrahmen Lilie und Rose den zweiten Teil der Dichtung.

Die Symbolik von Rose und Lilie erinnert ebenfalls an die *Aeneis* mit ihrer Thematik von Krieg und Frieden. Die Rose als Bild des Martyriums und die Lilie als Zeichen des Glaubens werden mit Krieg und Frieden verglichen, an Maria die Aufforderung gerichtet: *bello carpe rosas, laeta arripe lilia pace* (422; vgl. 425 ff.). So geht aus der Komposition des Gartengedichtes hervor, dass Walahfrid sozusagen einen Abglanz der beiden großen Dichtungen Vergils bieten wollte, wobei der zweite Teil des *Hortulus*, der der *Aeneis* entspricht, auch stilistisch höher, poetischer anmutet.

Walahfrid erwähnt mehrfach, dass ihm die Maße oder der Umfang des Gedichtes nicht erlauben, bestimmte Pflanzen ausführlicher zu beschreiben (z. B. 300 f., 324 f. u. ö.). Solche Aussagen weisen meist auf eine gewisse Symmetrie der Gesamtkomposition hin, und wir konnten bereits zwei in etwa gleiche Hauptteile nennen, die durch den Musenanruf bezeichnet sind. So entsprechen auch die 18 Eingangsverse über den Gartenbau in etwa den 16 Versen der Schluss-Widmung an Grimald, wie auch die 34 Eingangsverse über die Mühen des Gartenbaues (19–52) an Umfang den 37 Versen über die Rosen- und Liliensymbolik am Ende des Gedichtes entsprechen. Vielleicht lässt sich das kleine Werk noch weiter gliedern, wobei ein Grundmaß von 75 Versen denkbar wäre; doch solche Versuche führen zu keinem überzeugenden Ergebnis.

Sprache und Stil

Jedem Leser des Büchleins über den Gartenbau teilt sich das Gefühl lebendigen Empfindens und frischer, munterer Darstellung mit. Das hängt mit Walahfrids Art zusammen, aber auch mit seiner Kunst des sprachlichen Ausdruckes, die ihn zu einem der Meister der späten karolingischen Renaissance macht. Wie damals üblich, sind seine bevorzugten Muster Vergil und Ovid, doch sind ihm auch christliche Dichter, namentlich Prudentius, wohl vertraut. Auffällig ist die geschickte Art der Nachahmung; der Dichter hat vielfach vorbildliche Stellen im Gedächtnis, doch verwendet er diese meist in individuell und geschmackvoll abgewandelter Form.

Dabei weiß Walahfrid, dass ein Lehrgedicht eine eigene Art von Sprache benötigt, nämlich die der geschickten Lehre, und betont auch zu Beginn, nun sei ein *docile os* nötig (73 ff.). Doch nicht nur zur Lehre muss die Sprache taugen, sie muss auch den Anforderungen des Fachmannes und des Dichters genügen, muss Fachausdrücke ebenso bereitstellen wie freundliche und erhabene Töne. Lehren bedarf einer explikativen Sprache, die zu beschreiben, erläutern, erklären vermag, und diese Forderung erfüllt die Sprache des *Hortulus* voll und ganz. Die in Lehrgedichten sonst häufigen Anreden oder Imperative an den Leser oder die (höflicheren) Konjunktive dagegen treten ziemlich zurück (*iubemur* in Vers 365 ist Quellenhinweis, nicht Aufforderung); Walahfrid lässt die Pflanzen für sich sprechen, ohne selbst andere Menschen zu beeinflussen. Eigentliche Katalog-Sprache, wie sie Lehrgedichte sonst kennen, ist gemieden; dafür schreitet der Text von Pflanze zu Pflanze voran, was häufig durch variierende Wendungen vermittelt wird, die

Örtlichkeiten im Garten oder in der Reihe bezeichnen. Die Beschreibungen selbst zeichnen sich durch Lebhaftigkeit und Bildhaftigkeit aus. Die dichterische Seite der Sprache lässt – neben der Freude an den Pflanzenbildern – besonders der zweite Werkteil spüren, der sich am Ende zu hoher Symbolik ebenso steigert wie zur menschlich anziehenden Wärme der Dedikation an Grimald.

Neuerungen im Vokabular oder in der Syntax werden gegenüber dem klassischen Latein nur selten eingeführt; hier ist die Sprache der karolingischen Erneuerung beinahe klassizistisch. Der Stil ist gewählt und manchmal wohl ein wenig geziert, nie jedoch affektiert. Gelegentlich ist der Ausdruck überladen (175: *tum deinde*). Häufig wird die Alliteration verwendet (z. B. 32), fast ebenso häufig der »Reim« (Homoioteleuton, z. B. 416), besonders eindrucksvoll im Vers 96 (*obstat – fugat – adiuvat*). Vielfach erscheinen auch Anapher (z. B. 51), Litotes, Polysyndeton und andere rhetorische Stilmittel, z. B. lebhafte Fragen an den Leser (126 f.), hübsche Vergleiche, die oft eng mit der Hauswirtschaft verbunden sind (z. B. in Vers 119 ff. spinnende Mädchen, in Vers 258 Schmiede). Früchte werden wie Körper aufgefasst und haben Bauch (133) und Eingeweide (137). Eine hübsche Übertragung ist der Ausdruck »Staubmeer« für leichten Boden, wie auch ungescheut antike Metaphern verwendet sind, wie Lyaeus (Bacchus) für Wein (vgl. die Umschreibung *liquori Lenaeo* in Vers 215 f.). Auch etymologisches Denken findet sich, so die Ableitung von *gladiola* aus *gladius* (218).

Prosodie und Verstechnik sind korrekt (langes *a* in *statim*, 357, kennt bereits das Spätlatein). Häufig sind, nach Vergils Beispiel, Elisionen (104 Fälle); Hiate werden völlig gemieden (wie überhaupt das Mittelalter Hiaten gerne ausweicht), Synizese findet sich selten. Das so genannte Enjambement (Hinüberziehen des Satzes in den nächsten Vers) wird geschickt verwendet; gelegentlich taucht ein Hypermeter-Vers auf (z. B. 285). Insgesamt deutet diese

Sorgfalt in sprachlichen und metrischen Dingen darauf hin, dass es Walahfrid mehr darauf ankam, eine makellose Dichtung als ein Gartenhandbuch zu liefern.

A. Önnerfors (1974, S. 104f.) sieht eine sich klar entwickelnde Linie steigender Geschicklichkeit in der Handhabung des Hexameters bei Walahfrid, eine sich verfeinernde Elisionstechnik und ein immer gewandteres Einflechten der Perioden in den Vers; im *Hortulus* scheint diese Entwicklung einen Höhepunkt erreicht zu haben. Bei solcher Annahme wäre man der Lösung der Datierungsfrage des Werkes einen großen Schritt näher gekommen.

Nachleben. Ausgaben. Übersetzungen

Walahfrid wurde bahnbrechend für die Dichtung im Nachbarkloster St. Gallen, wo besonders Notker der Stammler (geboren um 840) eine bedeutende Wirkung entfaltete. Walahfrid selbst war solche Ausstrahlung nicht in allen Werken vergönnt; sein Gartengedicht, das erste botanische Werk des Mittelalters, wurde jedenfalls im Mittelalter kaum verbreitet, so dass man an der fördernden Wirkung der Widmung an Grimald zu zweifeln beginnt. Spätere unmittelbare Benützung ist bisher nur im Werk *De viribus herbarum* (»*Herbarius*«) des so genannten Macer (Odo von Meung) im 11. Jahrhundert festgestellt worden (*Macri Floridi De viribus herbarum*, hrsg. von Ludwig Choulant, Leipzig 1832, Vers 900 ff.). Macer zieht dabei die Behauptung Strabos über die Wirkung des Liebstöckels (229 ff.) in erhebliche Zweifel, mag er auch sonst dessen Werk manches verdanken. Doch seit man im Humanismus Walahfrids Werk wieder entdeckt hatte, gewann es – 600 Jahre nach seiner Entstehung – durch seine Anschaulichkeit, Lebendigkeit und formale Vollendung breite Anerkennung.

Der *Hortulus* ist in vier Handschriften überliefert: C, Codex Vaticanus Reginensis Latinus 469, einst im Besitz der Abtei von St. Gallen, später Eigentum der Königin

Christina von Schweden; **L**, Codex municipii Lipsiensis Rep. I n. 53; **K**, Codex Vaticanus Palatinus Latinus 1519; **M**, Codex Monacensis Latinus 666. Die Überlieferung ist durchaus brauchbar, Unterschiede im Wortlaut des Textes beschränken sich weitgehend auf orthographische Einzelheiten.

Die erste gedruckte Ausgabe des *Hortulus* stammt aus dem Jahr 1510 und ist betitelt: *Strabi Galli, poetae et theologi doctissimi, ad Grimaldum Coenobii S. Galli abbatem Hortulus*, Wien 1510. Sie wird dem Eifer des Wiener Professors Joachim von Watt (1484–1551), auch Vadianus genannt, verdankt, und es war diese Ausgabe, die das Werk unter dem Titel *Hortulus* berühmt machte. Eine Reproduktion der Erstausgabe erschien 1926 im Verlag der Münchener Drucke unter dem Titel *Des Walahfrid von der Reichenau Hortulus. Gedichte über die Kräuter seines Klostergartens vom Jahre 827* (mit medizinischen, botanischen und druckgeschichtlichen Erläuterungen von Karl Sudhoff, Heinrich Marzell, Ernst Weil). Diese Ausgabe wurde 1974 zum 1200-jährigen Jubiläum der Reichenau von der dortigen Buchhandlung Theo Keller wiederum neu aufgelegt (als reprographischer Nachdruck). – Bereits zwei Jahre nach der Erstausgabe erschien eine neue Ausgabe, wiederum von Vadianus, nun jedoch unter folgendem Titel: *Strabi Fuldensis monachi, poetae suavissimi, quondam Rabani Mauri auditoris, Hortulus, nuper apud Helvetios in S. Galli monasterio repertus, qui carminis elegantia tam est delectabilis quam doctrinae cognoscendarum quarundam herbarum varietate utilis*, Nürnberg 1512. Vadianus könnte nach Ausweis dieses Titels die Abfassung des Werkes nun in oder nach Walahfrids Fuldaer Zeit verlegt haben.

Johannes Atrocianus, ein bekannter Mathematiker in Basel, gab dann den *Hortulus* als Anhang zum Werk *De herbarum virtutibus* des Odo von Meung in Basel 1527 und in Freiburg 1530 heraus und fügte einen Kommentar (*Scholia in Strabi Hortulum*) hinzu. Weitere Ausgaben folgten von

Henricus Canisius (1604; wieder verwendet von Jacques-Paul Migne, in: *Patrologiae cursus completus. Series Latina*, Bd. 114, Paris 1879) und anderen.

Einen Fortschritt bedeutete die Ausgabe mit Einführung, Kommentar des Johannes Atrocianus, Ausführungen zur Flora Deutschlands und kritischem Apparat von Friedrich Anton Reuss (Würzburg 1834 u. ö.). Die lange maßgebende Ausgabe der dichterischen Werke (*Walahfridi Strabi carmina*) von Walahfrid bot Ernst Dümmler: *Poetae Latini aevi Carolini*, Bd. 2, Berlin 1884 (*Monumenta Germaniae Historica*, 5/1.; Nachdr. München 1978), S. 214–423 (*De cultura hortorum*, S. 335–350). Dümmler fügte auch eine ausführliche Angabe von Quellen und Vorbildern Walahfrids bei. Wir haben seine Ausgabe für diese Arbeit zugrunde gelegt, sie allerdings anhand der verdienstvollen neuen textkritischen Ausgabe von Cataldo Roccaro (Walahfrido Strabone, *Hortulus*, Palermo 1979) kontrolliert. Roccaro gibt zudem eine italienische Prosa-Übersetzung, einen wichtigen Kommentar und einen nützlichen Wortindex. Eine Übersetzung ins Italienische bietet auch Gian Piero Della Capanna in einem Artikel: »L'Hortulus di Walfredo Strabone«, in: *Scientia Veterum* 131 (1969) S. 57–140. Eine Faksimile-Ausgabe der Handschrift C (Cod. Lat. Bibl. reg. No. 469 der Bibliotheca Vaticana) bieten Ralf Payne und Wilfrid Blunt (Pennsylvania 1966), wobei die englische Übersetzung in freien Versen von Payne, der Kommentar von Blunt stammt.

Eine Ausgabe mit deutscher Übersetzung besorgte Hans-Dieter Stoffler: *Der Hortulus des Walahfrid Strabo. Aus dem Kräutergarten des Klosters Reichenau*, Stuttgart ⁶2000. Eine deutsche Prosa-Übersetzung stammt von Julius Berendes: »Hortulus Walahfridi Strabi. Das Gärtchen des Walafridus Strabus«, in: *Pharmazeutische Post* (Wien) 41 (1908) S. 873–897. Zum ersten Mal ins Englische wurde der Hortulus (in Versen) übersetzt von Richard Stanton Lambert: *Hortulus or the Little Garden. A Ninth Century*

Poem, Wembley Hill 1924. Die erste französische Übersetzung stammt von André Thérive (Abbeville 1925; ohne lateinischen Text). Mit dem lateinischen Text gab eine französische Übersetzung Henri Leclerc heraus: *Le petit jardin (Hortulus) de Walahfrid Strabus, Abbé di Monastère de Reichenau*, Paris 1933 (leider nicht einzusehen). Ebenfalls zweisprachig war die Ausgabe von Werner Näf und Mathäus Gabathuler: Walahfrid Strabo, *Hortulus. Vom Gartenbau*, St. Gallen 1942 (Nachdr. 1957); die Übersetzung in deutschen Hexametern zeichnet sich durch gutes Verständnis des Textes und durch sprachliche Gewandtheit aus (in der Ausgabe von Stoffler ist sie wieder abgedruckt). Eine Übersetzung in deutsche Prosa enthält auch die Dissertation von Genewein (1947; mit medizinhistorischem Kommentar). Die jüngste deutsche Übersetzung stammt von Langosch (1968).

Inhalt

De cultura hortorum (Hortulus) · Über den Gartenbau

De cultura hortorum · Über den Gartenbau	4
Difficultas assumpti laboris · Schwierigkeit der unternommenen Arbeit	6
Instantia cultoris et fructus operis · Beharrliche Mühe des Gärtners und Frucht seiner Arbeit	8
Salvia · Salbei	10
Ruta · Raute	10
Abrotanum · Eberraute	12
Cucurbita · Flaschenkürbis	12
Pepones · Melone	16
Absinthium · Wermut	18
Marrubium · Andorn	20
Foeniculum · Fenchel	20
Gladiola · Schwertlilie	22
Lybisticum · Liebstöckel	22
Cerfolium · Kerbel	24
Lilium · Lilie	24
Papaver · Schlafmohn	26
Sclarega · Muskatellersalbei (und Frauenminze)	26
Menta · Minze	28
Puleium · Poleiminze	28
Apium · Sellerie	30
Vettonica · Betonie	32
Agrimonia · Odermennig	34
Ambrosia	34
Nepeta · Katzenminze	36

Rafanum · Rettich 36
Rosa · Rose 38
Commendatio opusculi · Zueignung des Büchleins . . 40

Anhang

Anmerkungen 43
Literaturhinweise 83
Nachwort 87

Lateinische Literatur
des Mittelalters und des Humanismus

IN RECLAMS UNIVERSAL-BIBLIOTHEK

Zweisprachig (Auswahl)

Giovanni Boccaccio, De claris mulieribus / Die großen Frauen. Lat./Dt. 287 S. UB 9341

Carmina Burana. Lat./Dt. 348 S. UB 8785

Einhard, Vita Karoli Magni / Das Leben Karls des Großen. Lat./Dt. 96 S. UB 1996

Erasmus von Rotterdam, Adagia. Lat./Dt. 224 S. UB 7918 – Colloquia familiaria / Vertraute Gespräche. Lat./Dt. 79 S. UB 9822 – Familiarium colloquiorum formulae / Schülergespräche. Lat./Dt. 87 S. UB 7784 – Das Lob der Torheit. 136 S. UB 1907

Gesta Romanorum. Lat./Dt. 275 S. UB 8717

Jacobus de Voragine, Legenda aurea. Lat./Dt. 280 S. UB 8464

Lateinische Lyrik des Mittelalters. Lat./Dt. Mit 18 Abb. 524 S. UB 8088

Lateinische Prosa des Mittelalters. Lat./Dt. 492 S. UB 9362

Die Lieder des Archipoeta. Lat./Dt. 87 S. UB 8942

Ludus de Antichristo / Das Spiel vom Antichrist. Lat./Dt. 63 S. UB 8561

Philipp Melanchthon, Glaube und Bildung. Texte zum christlichen Humanismus. Lat./Dt. 224 S. UB 8609

Francesco Petrarca, Die Besteigung des Mont Ventoux. Lat./Dt. 69 S. UB 887 – Reisebuch zum Heiligen Grab. Lat./dt. 100 S. UB 888

Enea Silvio Piccolomini, Euryalus und Lucretia. Lat./Dt. 127 S. UB 8869

Giovanni Pico della Mirandola, Oratio de hominis dignitate / Rede über die Würde des Menschen. Lat./Dt. 125 S. UB 9658

Johannes Reuchlin, Henno. Komödie. Lat./Dt. 72 S. UB 7923

Waltharius. Lat./dt. 185 S. UB 4174

Widukind von Corvey, Res gestae Saxonicae / Die Sachsengeschichte. Lat./Dt. 262 S. UB 7699

Philipp Reclam jun. Stuttgart